춤 건강을 위한

필라테스

나경아 지음

보고사
BOGOSA

"하나님께서 진흙으로 사람을 빚어 만드시고 코에 입김을 불어넣으시니, 사람이 되어 숨을 쉬었다."(창세기 2장 7절) 하나님께서 만드신 인간 생명은 호흡으로 시작되어 호흡으로 마무리된다. 호흡은 심신 상태를 나타내며, 무의식적인 기지개, 하품, 깊은 한숨은 생리적 긴장을 조절한다. 호흡과 함께 내면의 흐름을 따라 몸을 외부 공간으로 펼쳐내면 진짜 자신과 만나는(authentic) 춤을 출 수 있다.

호흡과 함께 몸을 재건하는 필라테스 운동에 관한 책을 쓰면서 밝은 미소로 대학 실험실 앞에서 반겨주던 다이안 교수와의 첫 만남이 떠오른다. 2013년 무릎 인공관절 수술 직후 한국에 방문하여 학생들에게 필라테스의 재활 효과를 몸소 보여 준 워크숍은 감동적이었다. 인천공항에서 헤어질 때, 마주 보며 뭉클했던 순간을 잊을 수 없다. 감사한 만남으로 이어진 10년간의 교류를 통해 책을 출판하게 되었다. 필라테스 정신을 가르쳐 준 다이안 교수에게 감사한 마음을 전한다.

운동 행동을 연구할 수 있는 언어를 가르쳐 주신 김기웅 교수님께 존경과 감사한 마음을 전하며, 든든하고 따뜻한 울타리가 되어 주는 가족들, 필라테스 실습과 연구에 참여한 학생들, 출판 때마다 도움을 주시는 보고사 김흥국 사장님, 황효은 님 그리고 모든 분들의 수고에 깊은 감사를 드린다. 오직 은혜로 삶의 여정을 이끌어 주시는 하나님께 감사를 올려드린다.

차례

서문

무대에서 춤을 출 때 느끼는 행복한 감정은 아동기에 시작되어 청소년기를 거쳐 서른 살까지 나의 삶을 이끌어가는 가장 큰 원동력이었다. 반복되는 연습으로 부상과 통증이 심했지만 모든 열정을 쏟으면서 춤을 추었다. 대학 졸업 후에 영국 로얄 발레아카데미(RAD), 러시아 바가노바 발레, 이매방류 〈살풀이 춤〉, 라틴댄스 등 다양한 춤을 배웠다. 표현 능력이 발전해가는 기쁨 속에서도 만성적 부상으로 인한 고통은 계속되었다.

체력의 한계로 공연 활동을 그만두면서 신체 증상을 개선하기 위한 노력이 시작되었다. 필라테스, 자이로토닉, 요가, 고중량 웨이트 운동, 수영 등을 배우면서 몸에 대한 자각이 높아졌고 신체적 불균형이 개선되었다. 우측으로 치우친 자세에서 발생하는 기능적 문제가 조금씩 개선되면서 만성 좌골 신경통, 허리 통증이 서서히 사라졌다. 일상적 활동에서 코어와 연결된 힘을 느끼면서 노화와 습관으로 무너져 내리는 몸이 매일 새로워질 수 있다는 것을 알게 되었다. 많은 시행착오를 겪으면서 얻게 된 '경험적 지식'은 교육 현장에서 학생들 지도에 커다란 자원이 되었다. 회복의 과정에서 터득한 운동방법은 '춤 건강'을 위한 실천적 교수법으로 발전되고 있다.

필라테스 연구는 2012년에 다이안 디펜더퍼(Diane Diefenderfer) 교수를 만나면서 시작되었다. 다이안 교수의 무용연구특화필라테스(PSDS: Pilates Specialization for Dance studies)는 조셉 필라테스(Joseph H. Pilates)에 의해 창안된 고전적인 필라테스 방법을 따르며, 그녀의 멘토인 론 플레처(Ron Fletcher)와 로마나(Romana Kryzanowska)의 유산을 이어간다. 그녀는 독일과 미국에서 발레리나로 활동하면서 얻은 무릎 부상 때문에 론 플레처를 만나게 된다.

론 플레처의 스튜디오(Studio of Body Contrology)에서 8년 동안 필라테스를 연구하고 가르치면서 론으로부터 교사자격증(Master Teacher Certification)을 받았다. 1988년부터 현재까지 캘리포니아 대학 예술학과(The Claire Trevor School of the Arts at the University of California, Irvine)에서 발레와 필라테스 프로그램을 가르치고 있으며, 스포츠 선수, 일반인들을 위한 교육을 진행하고 있다. 미국 서부 오렌지 카운티 지역에 스튜디오(Studio du Corps)를 창립하였으며, PMA(Pilates Method Alliance)와 NCPT(Nationally Certified Pilates Teacher)에서 골드 인증을 받았다. 그녀는 1995년부터 교사 양성과정(Teacher Training Courses/Programs)을 운영하여 다음 세대 필라테스 교사들을 양성하고 있다.

2013년 다이안 교수의 필라테스를 한국에 소개하였고(다이안, 2013), 2018년에는 스튜디오드꼴에서 교사자격과정에 참여하였다. 2021년에는 온라인으로 필라테스 워크숍이 진행되었다(다이안 외, 2021). 그녀의 무용연구특화필라테스(PSDS)에는 무용수들이 즐겨하는 테라밴드를 이용한 스트레칭과 몸 중심과 전신을 연결하는 요가 동작이 포함된다. 특히 론 프레쳐의 '소리 내는 호흡'에서 영감을 받은 그녀의 호흡은 동작에 정확하게 집중하도록 이끌어 준다. 30명이 넘는 그룹 수업에서 학생들이 몸을 안정적으로 조절해가는 것을 관찰하면서 놀라지 않을 수 없었다. 다이안 교수의 호흡은 동작 리듬을 조절할 뿐 아니라 정신적인 몰입을 도와준다. 지시어와 피드백은 명료하고 목소리와 핸즈 온은 단호하면서도 따뜻하다. 수업이 끝나고 나면 언제나 '몸이 가벼워지고 정신적으로 더 바랄 것 없이 상쾌하고 행복해진다.'

필라테스를 대학교육과정에 적용하면서 동작 원리를 이해하고 몸을 조절하는 '마음의 힘'을 강조하고 있다. 움직임과 통합된 정신적 능력은 개인의 동작 경험을 올바르게 이끌어 준다. 최근 신체적 자각을 높이고 심신 안정에 도움을 주는 '음악과 함께하는 필라테스'에 관한 연구를 진행하였다. 음악은 동작 집중에 도움을 주었고, 유기적으로 연결된 신체를 조절하도록 흐름을 이끌어 주었다. 학생들은 청각을 통한 감각 피드백으로 몸을 조절하면서 심리적 안정감을 얻었다(나경아, 2021).

　이 책에는 '춤 건강(Dance Wellness)'의 관점으로 연구해 온 필라테스에 관한 내용을 담았다. 무용수들은 반복된 과훈련으로 인하여 건강문제를 경험하게 된다. 무리한 동작 기교와 누적된 피로로 인해 부상, 탈진, 슬럼프를 겪는다. 공연 활동에 쫓기어 이런 문제들을 적절히 대처하지 못하면 무용수로서의 생명이 단축된다. 평소 심신을 조율(tuning)하는 방법을 실천하고, 예술 활동과 현실적 삶에서 조화와 균형을 찾도록 노력해야 한다. '춤 건강(Dance Wellness) 연구'는 훈련과정에서 발생하는 문제들을 예측하고 대처하는 방법을 찾는다. '춤 건강에 관한 교육의 목적'은 건강한 공연 활동뿐 아니라, 삶의 통합적 가치를 실현해 나가도록 무용수들의 창조적 능력을 계발하는 것이다.

　필라테스는 무용수의 건강을 도모하는 운동방법이다. 무용수들의 신체기능을 개선하고 무용 수행능력을 향상시킨다. 호흡을 통해 신진대사와 자율신경의 균형에 도움을 준다. 호흡운동은 몸과 마음을 연결시켜 맑은 영혼과 가벼운 몸으로 생명의 에너지가 충만한 춤을 출 수 있게 한다. 무용수들은 필라테스 운동으로 삶을 회복시켰으며 동시에 필라테스를 발전시켰다. 무용수들의 강인한 정신력, 탁월한 운동 감각적 능력, 창조적 예술성은 인간의 건강한 삶을 회복시키는 춤 건강 연구의 귀중한 자원이다.

　1부에서 춤 건강과 관련된 필라테스의 발전 배경을 설명한다. 1장에서 조셉 부부에게서 직접 사사한 로마나와 론 플레처 그리고 현대 무용가들과의 교류를 언급한다. 2장에서 춤 건강의 관점에서 필라테스의 중요성을 설명한다. 춤을 추는 행복한 활동을 방해하는 문제를 극복하고 최고의 공연 컨디션을 유지하도록 돕는 '춤 건강' 연구의 가치를 언급하고, 무용수 건강 문제를 대처하는 방법과 필라테스 운동의 효과를 설명한다.

　2부에서 근신경 제어의 관점으로 학습원리를 설명한다. 3장에서 내외적 자극에 반응하는 운동제어와 피드백 원리를 설명한다. 4장에서 효율적 훈련을 위해 적용할 수 있는 학습 방법을 설명한다.

3부에서 필라테스 실습에 필요한 기본 원리와 구체적인 동작을 설명한다. 5장에서 동작의 기본 원리와 올바른 자세를 설명한다. 자세 정렬, 흉곽, 복부, 척추와 골반, 몸통 컬, 사지 협응, 휴식 자세를 이미지와 함께 설명한다. 움직임 원리에 따라 준비 자세를 올바르게 적용하면 운동 과정에서 발생하는 불필요한 근육 긴장 없이 코어 운동을 할 수 있다. 첨부된 실습 노트에는 기억해야 할 주요 사항들을 요약해 본다. 6장에서 프리드만의 저서와 다이안 교수의 필라테스(PSDS)에 근거하여 필라테스 매트 동작 27개를 설명한다. 준비 자세, 동작 순서와 호흡, 동작을 수행할 때 주의해야 할 초점을 언급한다. 제시된 설명과 그림을 보면서 필라테스 기본 순서를 생각하고 느끼면서 실행할 수 있다. 동작 순서를 직접 그려보고, 관련된 지시어를 작성하며 연습하면 도움이 된다. 마지막에 첨부된 실습 노트에 자신의 능력에 맞는 동작 순서를 정하고 주의할 내용을 기록하면서 변화를 관찰해 나간다.

필라테스 운동은 자세 근육의 균형을 맞추고 체력을 강화하며, 신체를 아름답고 효율적으로 움직이도록 한다. 필라테스 운동은 치료와 피트니스의 목적으로 재활과 체력운동에 광범위하게 적용되고 있다. 필라테스는 보편적 운동 원리에 근거하여 다양하게 특화된 요법으로도 발전하고 있다. 무용수 뿐 아니라 스포츠 선수, 연기자, 음악가 등 기초적 신체 훈련이 필요한 사람들에게 적용된다. 코로나로 인하여 건강한 삶을 스스로 관리하는 일이 더욱 중요해졌다. 심신을 안전하게 지키기 위해 개인 공간에서 매트를 펴고 몸의 소리에 귀 기울이는 시간을 갖기 바란다. 이 책의 내용이 건강을 위해 똑똑한 운동을 실천하려는 독자들에게 도움이 되기를 바란다.

추천사

40년 넘게 필라테스 방법을 연구하고 가르치면서 이 특별한 연습의 가장 중요한 측면이 몸과 마음, 호흡 그리고 정신의 조화라는 것을 알게 되었다. 나의 소중한 친구이자 동료인 나경아 교수는 조셉 필라테스 가르침의 참된 실천의 완벽한 사례로 그 방법을 구체적으로 보여주었다. 이러한 작업을 그녀와 그녀의 학생들과 공유할 수 있어서 영광스럽다.

In my 40+ years of studying and teaching the Pilates Method, I have found that the most significant aspect of this extraordinary practice is the blending of the body, mind, breath and spirit. My dear friend and colleague, prof. Kyung Ah Na, is the true embodiment of the Method, a perfect example of the truest practice of the teaching of Joseph Pilates. I am honored to share this work with her and her students.

Diane Diefenderfer,

Associate Professor of Teaching,

University of California, Irvine

1부

필라테스와

춤

조셉 필라테스는 다양한 신체활동 경험으로 건강한 운동방법을 개발했다. 그의 고전 필라테스 기법은 클라라와 로마나, 론에게 이어졌으며, 조셉을 만났던 제자들에 의해 여러 계통으로 발전되어 왔다. 현재에도 건강 문제를 극복한 사람들의 현실 경험을 통해 계속 발전하고 있다.

필라테스 요법이 발전하는 과정에서 움직임에 대한 다양한 경험과 창조적 예술성이 풍부한 무용가들이 참여했다. 이들은 내면세계를 표현하는 동작 감각이 뛰어나고 강도 높은 훈련을 이겨내는 정신력이 강하다. 무대 위에서는 비범한 능력으로 춤을 추고, 무대 아래에서는 부상과 재활 과정을 견뎌낸다. 뉴욕에 있는 필라테스 스튜디오를 찾은 무용수들은 극심한 부상으로 절망적인 상태에서 조셉의 도움을 받았다. 그들은 필라테스를 통해 건강을 회복하고 춤 기법을 발전시킬 수 있었다.

필라테스는 무용수 건강과 최고 수행(peak performance)을 위한 훈련법이며, 심신의 균형이 깨어진 상태에서 조화와 균형을 되찾게 한다. 바르고 균형 잡힌 신체, 정서적 안정, 신체조절 능력 향상, 에너지 효율성, 동작 기술 발전에 도움이 된다.

1장
필라테스의 발전

조셉 필라테스(Joseph Hubertus Pilates, 1883~1967)는 나이가 들어도 젊은 외모를 지녔으며, 활기차고 균형 잡힌 몸을 유지하고 살았다. 그러나 그는 어린 시절에 천식, 구루병, 류머티즘 등의 질병으로 고통을 받았다. 그로 인해 건강을 위해 일평생 신체를 단련하는 다양한 운동을 경험하게 된다. 청소년기부터 보디빌딩과 요가, 쿵후, 체조를 수련하고 다양한 스포츠 활동을 하였다. 체조선수, 다이버, 보디빌더뿐 아니라 복서, 서커스 단원, 경찰학교의 트레이너로 활동했다.

1차 세계대전 이후, 영국 포로수용소에 억류된 기간에도 신체 교육에 대한 강한 신념으로 레슬링과 호신술을 가르쳤다. 전쟁터에서 병상에 누운 부상병들의 재활, 교정을 돕는 운동법을 고안했다. 수용소 생활에서 신체 운동에 대한 통합적이고 포괄적인 개념을 집중적으로 발전시켰으며, 요가 동작과 동물들의 움직임을 연구했다. 당시 수용소에서 운동을 가르친 결과 수감자들이 스페인 독감에서 살아남았다고 전해진다. 조셉은 수용소 안에서 침대와 매트리스의 스프링을 이용해서 할 수 있는 운동을 개발하였다. 이러한 경험을 통해 필라테스 기구 시스템과 매트 운동을 정리하였으며, 후대에 남길 체계적 운동법을 발전시킬 수 있었다.

조셉은 운동과 치료의 경험을 통해 터득한 자신의 훈련법을 정리하여 〈당신의 건강(Your Health, 1934)〉을 출판했다. 운동방법에 대한 구체적인 기술은 없으나 건강관리를 위한 올바른 운동법을 언급했다. 잘못된 건강관리와 운동 부족에 대한 문제를 지적하며, 건강을 유지하기 위해 몸과 마음의 균형을 강조한다. 밀라(W. J. Millar)와 함께 저술한 〈콘트롤로지를 통한 삶으로의 회복(Return to Life through Contrology, 1945)〉에서 기초적 동작과 운동철학을 설명한다. 강하고 유연한 신체를 유지하도록 정신과 영혼의 조화를 강조한다. '콘트롤로지'는 정신의 힘으로 근육을 통제한다는 의미이며, 척추를 지지하는 코어 근육에 집중하여 몸의 균형을 잡는 것이다. 그는 호흡법과 함께 활력이 넘치는 신체 운동법을 발전시켰으며, 척추를 지지한 상태에서 운동할 수 있는 기구를 발명했다. 스프링과 끈으로 근육 군들이 적절히 맞물려서 균형을 유지한 상태로 움직이도록 돕는 기구는 반듯이 누워서 작동할 수 있으므로 약하거나 다친 부위가 있어도 몸을 조절하는 것이 가능하도록 설계되었다.

조셉은 당대 현대무용가들과 교류했다. 독일에서 루돌프 라반(Rudolf V. Laban)을 만났으며, 뉴욕에 정착한 이후 무용가들 그리고 공연예술가들과 교류하였다. 미국 현대무용 1세대인 루스 세인트 데니스(Ruth St. Denis)는 조셉의 운동법이 몸의 활기를 되찾는 것 이상의 정신적 가치를 지니며, 영적인 정화에 도움이 된다고 했다. 조셉은 데니스의 남편 테드 숀(Ted Shawn)과 가깝게 지내면서 무용단의 트레이너로 참여하였다. 현대무용의 거장 마사 그라함(Martha Graham)과 교류하였으며, 인간의 고통과 환희를 표현하기 위해 하복부를 수축하는 강렬한 테크닉에 영향을 주었다. 조지 발란신(George Balanchine), 제롬 로빈스(Jerome Robbins), 하냐 홀름(Hanya Holm) 등과도 교류하였다.

재활과 기능 향상에 도움이 되는 필라테스 운동법이 알려지게 되면서 많은 무용수들이 조셉을 찾아왔다. 정기적으로 필라테스 훈련을 받은 무용수들은 잘못된 자세와 기능적 문제를 해결할 수 있었다. 몸의 안정성이 높아지고 에너지를 효율적으로 사용하게 되면서 신체기능이 향상되었다. 처음에는 필라테스를 거부하던 자존심 강한 젊은 스타 무용수들은 건강이 회복되는 경험을 통해 필라테스를 받아들이게 되었고 열성적인 지지자가 되었다. 필라테스를 경험한 무용수들은 더욱 강한 체력으로 표현적이고 기능적인 현대무용기법을 발전시킬 수 있었다.

조셉의 아내 클라라(Clara Pilates)는 교육활동을 함께했으며, 조셉이 사망한 이후에도 스튜디오를 이어나갔다. 조셉은 강하고 원칙적 성향을 지녔으며, 클라라는 아름다운 영혼을 지닌 여성이었다. 조셉은 성격이 급하고 가끔 화를 잘 내는 편이었으나 아내 클라라는 인내력 많은 교사였다. 그녀는 움직임 특질이나 중요한 세부 요소들을 전달하는 역할을 하였다. 남편 조셉이 고안한 천재적인 운동방법이 후대에 이어질 수 있도록 다음 세대 제자들을 친절하게 이끌어 주었다. 많은 필라테스 계승자들이 관대하고 따뜻한 성품의 클라라를 진정한 스승이자 선구자로 존경했다.

고전 필라테스 계보를 잇는 대표적 인물인 로마나(Romana Kryzanowska, 1923~2013)는 조셉 필라테스 부부에게 직접 훈련을 받았으며, 클라라가 은퇴한 1970년 초반부터 필라테스 스튜디오를 맡아서 이끌었다. 그녀는 필라테스의 핵심 원리인 '움직임의 흐름(Flowing Movement)'을 강조하였다. 밖으로 드러나는 움직임의 흐름은 강한 중심에서 나온다는 신념을 갖고 있었다. 몸의 중심에서부터 외부로 표출될 때, 뻣뻣하거나 덜컥거리지 않고, 너무 빠르거나 느리지 않도록 조절하여 움직임을 유연하게 연결하도록 가르쳤다. 로마나의 노력으로 무용전공교육에서 리허설과 연습실 공간 외에 필라테스 공간이 마련되고, 필라테스 훈련이 교육과정에 포함될 수 있었다. 그녀는 무용전공 교육과정에서 "신체 교정법(Body Correctives)"이라고 불렀던 필라테스 수업을 직접 가르쳤다.

필라테스 계보에서 중요한 위치를 갖는 론 플레처(Ron Fletcher, 1921~2011)는 무용수로 활동하면서 생긴 부상 때문에 조셉의 제자가 된다. 부상으로 무용 인생이 끝났다는 두려움에 빠졌을 때 조셉을 만나 자신의 길을 찾았다. 조셉의 철학을 이해하게 되면서 몸 깊숙한 곳에서 정신적 힘으로 동작을 수행하는 조화로운 운동방법을 터득하게 된다. 론은 조셉이 새로운 기구

운동을 실험할 때에 모델로 참여하였으며, 리포머 기구에서 몸을 늘이고, 중심을 강화하는 지도를 받은 경험을 행운으로 생각했다. 그는 조셉의 몸에 대한 지식을 이어받으면서 '마법의 기구(magic machine)'에서 치골 뼈를 꼬리뼈 쪽으로 밀어붙이면서 골반 아래쪽에 있는 중심을 다시 찾을 수 있었던 느낌이 얼마나 좋았는지 생생하게 증언했다.

론은 조셉이 사망한 이후에도 클라라의 도움을 받으며 필라테스 운동을 발전시켰다. 클라라는 느리게 움직이면서 내적으로 연결된 느낌을 충분히 느낄 수 있어야 만족스러운 운동을 경험할 수 있다는 것을 가르쳐주었다. 그리고 필라테스 기구가 단순한 도구가 아니라 몸을 자각하도록 돕는 훈련 파트너라는 것을 알려주었다. 론은 알코올 중독으로 인한 어려움을 극복하는 과정에서도 클라라의 애정 어린 조언 덕분에 필라테스 운동을 창조적으로 발전시킬 수 있었다.

론은 현대무용가 마사 그라함(Martha Graham), 아그네스 드밀(Agnes de Mille)과 함께 활동하였으며, 알마 호킨스(Alma Hawkins)의 움직임 치료 연구에 참여했다. 현대 무용가였던 론은 몸에서 공기를 빼면서 소리를 내는 호흡법을 강조한다. 자신의 필라테스 운동 마지막 부분에 온몸을 뻗어서 표현하는 스탠딩 시퀀스를 포함시켰다. 몸을 외부 공간과 연결하는 동작으로 우주와 사람들에 대한 감사한 마음을 표현했다.

론은 클라라의 승인 아래 1970년대 미국 서부, 비버리 힐즈에 '바디콘트롤로지(Body Contrology)'라는 스튜디오를 열었다. 조셉이 언급했던 '콘트롤로지'라는 표현에 애착을 갖고 계승하였다. 몸에 대한 진지한 접근을 보여준 론의 스튜디오는 정신으로 신체를 조절하고, 호흡으로 마음을 수련한다는 점에서 신비로운 느낌을 주었다. 론의 필라테스 스튜디오가 미국 서부 지역에서 부유하고 유명한 사람들에게 알려지면서 대중적으로 확산하는 계기가 마련되었다.

2장

춤 건강과 필라테스

춤을 추면 어린아이와 같은 순수한 정서체험, 현실을 벗어난 환상적 현실 체험을 한다. 사람들과 어울리면서 내면의 흐름에 따라 자유롭게 움직이면 만족감이 커진다. 무용수는 훈련된 몸에서 나오는 특별한 에너지와 정서적 몰입 상태(flow)에서 춤을 춘다. 이것을 바라보는 관객들은 동작 감각으로 전달되는 강렬한 정서적 체험에 참여한다. 춤은 몸과 마음을 연결하고, 사람과 사람 사이를 연결하여 개인과 공동체를 건강하게 만든다. 춤 건강(Dance Wellness)은 이러한 춤의 본질적 가치를 실현하는 것이다. 심신 통합적 감각 활동으로 건강한 춤을 출 수 있도록 개인의 요구를 반영하고 무용 상황에 대처하는 실천적 방법을 찾는다. 춤 건강 교육은 환경적 요구에 대처할 수 있는 개인의 능력을 계발한다. 현재 자신의 상태를 인식하고 조절해 나가는 힘이 생기면 개인의 건강을 능동적으로 관리할 수 있다. 신체적 자각으로 움직임을 조절하는 능력이 발전하면 모든 차원에서 의식이 증진된다.

춤 건강 교육에서 부상, 통증, 재활, 탈진, 슬럼프의 원인이 되는 신체적 과사용과 정신적 압박감에 관한 내용을 다룬다. 강도 높은 훈련을 이겨나갈 수 있는 능력을 키우도록 지식과 실천 방법을 가르친다. 미국대학 무용 전공 생들의 교육과정에서 '춤 건강' 교과의 중요성이 점차 커지고 있다(Cardinal, et al, 1996, 2018). 의과학 분야의 다학제적 연구가 진행되고 있으며, 국제무용 의과학회(IADMS)나 공연예술의학회(PAMA)에서 건강 이슈와 실천적 연구 자료들이 발표되고 있다. 예술과 과학의 경험적 탐구로 무용수 건강관리에 적용될 수 있는 실천적 지식들이 발전하고 있다.

무용수는 무대를 압도하는 아름답고 감동적인 공연을 위해 훈련에 매진한다. 이러한 과정에서 생득적으로 타고난 동작 감각이 비범한 동작 기술로 발전한다. 놀라운 점프력과 공중회전 등 더 뛰어나고 새로운 기술을 수행하기 위해 땀과 노력을 쏟으며, 강도 높은 연습을 꾸준히 반복한다. 무용수의 일상은 공연 준비에 맞추어져 있으며, 신체를 탁월하게 움직이는 능력을 발전시키기 위해 많은 시간을 연습실에서 보낸다. 그러나 특정한 스타일의 춤 연습을 지속하다 보면 신체 과사용으로 인한 손상이나 불균형이 나타난다. 오랜 시간 누적된 문제로 인해 신체의 구조가 변형되고 손상되어 부상이 발생한다.

무용수들은 춤 훈련과정에서 나타나는 피로감이나 몸에 나타나는 이상 신호에 민감하게 대처하지 못한다. 무용수이자 안무가, 교사이자 트레이너였던 윌리엄 베일즈(William Bales)는 "훈련을 받기 위해 찾아오는 학생들 대부분은 동작 스텝과 기교만 안다. 신체, 에너지, 호흡에 대해서는 알지 못한다. 체력운동이나 춤 훈련을 하면서 약한 근육은 계속해서 약해지고 강한 근육은 계속 강해져서 동작에 필요한 에너지를 지나치게 많이 소비하게 된다"라고 말했다(Friedman & Eisen, 1980). 집중연습과 과도한 신체활동으로 인한 문제를 적절하게 대처하지 못하면 만성 통증, 신체변형, 동작 감각 기능의 약화로 신체 조절능력에 문제가 생긴다.

무용전공자들은 10세 전후에 강도 높은 훈련이 시작되어, 심신발달이 급변하는 청소년 시기에 훈련 스트레스와 단체 활동에 적응하면서 성장한다. 이러한 과정에서 대부분 부상을 경험한다. 그러나 단체 활동의 특성상 진행되는 연습과 공연 상황에서 자신의 문제를 드러내기 어렵다. 열정이 넘치는 무용수들은 부상이 생겨도 충분한 재활 과정을 거치지 못하고 연습에 복귀하는 경향이 있다. 이러한 상황에서 무용수들은 회복이 어려운 만성 통증과 반복적 부상을 겪게 된다.

무용수는 공연 활동을 하면서 강한 자기 통제력을 발휘한다. 창조적인 작품 활동에 대한 부담, 단체 활동에서 자신의 역할을 찾기 위한 경쟁, 주변 사람들의 기대, 관객들의 평가라는 압박감도 이겨나간다. 개인의 능력을 최대치로 끌어올리는 과정에서 긴장감이 높아지고, 에너지가 고갈된다. 지속적 스트레스 반응은 자율신경의 불균형과 수면장애를 유발한다. 춤의 본질적 만족감이 사라지고 활동을 지속하기 어려운 탈진과 슬럼프로 이어진다. 이러한 상황에서 적절하게 대처하지 못하면 무용수로서의 수명이 단축되고 은퇴 시기가 앞당겨질 수밖에 없다.

무용수들이 30세 전후에 신체적 한계에 부딪히는 것은 자연 발달과정의 한계이기도 하지만 건강 문제를 돌보지 못한 결과이기도 하다. 춤 활동에서 만나는 한계상황을 이겨나가면서 건강하게 오랫동안 춤을 추기 위한 노력을 기울여야 한다. 우선 자신의 상태를 인식하고, 과학적 지식과 정보를 적용해야 한다. 그리고 무용수 자신의 체험을 소중한 자원으로 여기면서 스트레스를 관리하고 정신적인 힘을 유지해야 한다.

첫째, 건강하게 춤 활동을 지속하기 위해 자신의 상태를 알아차려야 한다. 자신의 건강 상태를 파악하고 돌보는 것이 훈련의 한 부분이며, 무용 인생을 좌우하는 중요한 일이다. 성취를 위해 열정적으로 에너지를 쏟다 보면 지치는 순간이 온다. 무용교육 현장에서 경험하는 탈진 양상은 다양하다. 어느 순간 마음과 몸이 예전 같지 않고 피로감, 불편감, 통증 때문에 춤추는 즐거움이 사라지게 된다. 자주 불안하고 쉽게 짜증이 나는가? 춤 활동이 예전과 달리 힘들어졌는가? 춤을 출 때, 마음도 함께 움직이고 있는가? 춤을 출 때, 신체적 통증 양상은 어떠한가? 몸에 대한 느낌이 불편한가? 편안한가? 몸을 적절히 조절할 수 있고, 원하는 만큼 잘 움직이는가? 평소 건강에 도움이 되는 생활습관으로 살아가고 있는가? 무용 활동을 감당할 충분한 체력이 유지되는가? 시간이 있어도 여유롭게 쉬기 어려운가? 지속적인 압박감 때문에 예민한 상태는 아닌가? 신체에 불필요한 긴장감은 없는가? 수면의 문제는 없는가? 스스로 질문을 던지면서 자신의 상태를 점검해야 한다.

과도한 열정으로 춤에 몰입하여 자신이 느끼는 불편한 느낌을 간과하다 보면 반복적 탈진을 경험하게 되고, 결국 원인 파악이 어렵고 쉽게 회복되지 않는 수행력 감퇴, 슬럼프가 찾아온다. 신체적으로 최고 능력을 발휘하면서 열정적으로 춤을 추다가 몸이 마음대로 움직이지 않거나, 심각한 부상을 당하면 죽음과 같은 절망을 느끼게 된다. 몸이 따라주지 않으면 안정된 마음으로 춤을 출 수 없다. 신체와 정신이 함께 안정적으로 유지될 때, 개인 역량이 발휘된다. 신체의 부분적 문제가 전신에 영향을 주기 때문에 사소한 문제가 나타났을 때, 자신을 살피고 잘못된 방식을 멈추어야 한다. 열정만으로 해결할 수 없는 복합적인 문제로 발전하기 전에 과훈련이 초래하는 건강 문제에 관심을 기울여야 한다.

둘째, 과학적 지식과 훈련법을 적용한다. 과학적 지식은 무용 수행과 관련된 요인들을 이해하고, 과훈련과 관련된 문제들을 예측하고 대처하도록 돕는다. 개인의 능력이나 체력 상태를 점검하면서 단계적으로 훈련할 수 있는 현실적이고 구체적 방법을 적용해야 한다. 장시간 지속되는 강도 높은 연습과 공연을 버틸 수 있으려면 평소 에너지를 효율적으로 사용해야 한다. 피로를 제어하고, 에너지를 공급하는 능력을 키우면서 과훈련에 적응해야 한다. 과훈련이 기술 향상에 항상 도움이 되는 것은 아니다. 신체적 연습에서 발생하는 피로가 동작 수행에 부정적인 영향을 줄 수 있기 때문에 피로 역치(threshold of fatigue)를 고려하여 연습량을 조절해야 한다. 일반적 활동량을 초과하는 훈련에서 중추 피로를 조절하도록 연습량을 조절하고, 점진적 과부하를 통해 대사 피로 저항능력을 키워야 한다.

연습과 훈련과정에서 충분한 에너지가 공급될 수 있도록 균형 잡힌 영양섭취가 필요하다. 여성 무용수의 경우 마른 몸을 유지하기 위해 적은 식사량과 올바르지 않은 다이어트를 반복하면서 근손실과 식이장애 문제를 겪는다. 근육량을 증가시켜 기초대사율을 높일 수 있도록 영양섭취와 체력운동을 훈련에 포함해야 한다. 신체 에너지가 고갈되고 지치게 되면 만족스러운 활동을 지속할 수 없다. 연료 없이 달리는 자동차는 반드시 멈추게 된다.

불균형한 자세가 고착된 협응 패턴은 기능적 퇴화와 심각한 손상을 초래한다. 장시간 특정 동작 기술을 반복하면서 생긴 긴장 반응이 신체 정렬에 혼란을 초래하고 지속적 압박은 특정 부위에 손상을 가져온다. 오랜 시간 변형과 손상이 지속되면 통증과 부상으로 이어진다. 신체의 기능적 구조와 역학적 원리를 이해하면 지연성 근육통과 관절 압박통을 구분할 수 있으며, 관절 움직임과 근육 힘을 바르게 조절할 수 있다. 연습과정에서 웜업과 쿨다운을 실천하면 생리-심리 상태를 안전하게 적응시킬 수 있다. 신체 연습이 시작되기 전에 혈액을 통해 근육에 필요한 에너지를 공급할 수 있도록 심박수를 올리고, 훈련이 끝나면 혈액의 흐름이 일상 수준으로 회복되도록 심박수를 안정시킨다. 연습이 효과적으로 이루어질 수 있도록 훈련 강도를 조절하고, 신체적 연습에서 목적에 따라 개인의 능력에 맞는 연습의 빈도, 강도, 시간, 유형을 고려한다.

셋째, 스트레스를 관리한다. 무용수들은 자신의 존재가치를 결정하는 춤을 위해 모든 대가를 기꺼이 지불한다. 완벽한 공연을 준비하기 위해 모든 삶이 춤추는 일에 집중된다. 하루라도 쉬거나 연습량이 유지되지 못하면 죄의식을 느끼게 되므로 강박적으로 연습에 몰입한다. 연습실이 집이고 놀이터이다. 열정적 무용수들은 연습실을 벗어나면 불안해지고, 어쩌다 한가한 시간이 있어도 어떻게 휴식해야 하는지 모르겠다고 말한다. 창작 작업에서 오는 압박감으로 연습에 더욱 집착하게 된다. 무용수의 불안한 심리는 수면장애, 식이장애, 신체변형 장애로 이어질 수 있다.

자신의 능력을 평가받는 공연 활동을 하면서 거센 파도에 밀려 떠내려갈 수도 있고, 파도를 타며 즐길 수도 있다. 춤추는 활동과 현실적 삶이 균형을 유지하도록 가능한 방법으로 스트레스를 관리해야 한다. 잠시 연습실을 떠날 수 있는 시간을 통해 일시적으로 춤과 거리를 두는 것도 필요하다. 멀리 떠나는 여행이 아니더라도 주변을 가볍게 산책하면서 여유를 갖는 방법을 실천할 수 있다. 연습 일정 사이에 짧은 휴식으로 피로를 풀고, 이완과 명상으로 정신적 스트레스를 관리한다. 경쟁적 상황에서 동료들과 협력을 할 수 있도록 훈련 파트너를 정하거나 그룹 활동에 참여한다. 삶의 균형을 맞추 도록 휴식과 훈련을 안배하고, 효율적 연습을 위한 루틴을 만들어 스스로 돌보는 일들을 실천한다. 식사일지를 포함한 훈련일지를 작성하면서 자신의 상황에 감사하고 스스로를 격려한다. 척추 긴장을 풀고 누운 상태에서 숨을 쉬며, 그때 올라오는 감정, 생각과 마주 대한다. 머릿속으로 행복하게 춤추 는 모습을 상상한다.

넷째, 정신적 힘을 유지한다. 무용수들이 겪는 만성 통증, 부상, 재활, 슬럼프, 탈진 등 힘든 순간은 열심히 살아가는 과정에서 만날 수 있는 일이 다. 갑자기 모든 것이 멈춘 것 같은 순간에 죽음과 같은 절망을 느낀다. 부상 과 슬럼프를 이겨나가는 것은 누구에게나 두렵고 고통스러운 일이다. 이러 한 고통의 순간은 알을 깨는 다음 순간을 품고 있다. 쉽지 않은 과정이지만 절망이라는 한계를 극복하면 새로운 가능성이 열린다. 어려운 상황에 부딪 혔을 때 스스로 멈출 수 없었던 삶을 멈추게 된다. 옳다고 믿었던 방식에서 오류를 발견할 가능성이 커진다. 그런대로 견딜만한 상태에서는 시도할 수 없었던 새로운 변화를 시도하게 된다. 평소에 지니고 있던 문제에 대한 통찰 이 시작되어 경험 속에 쌓여있는 의문들이 하나씩 풀린다. 시간을 갖고 스스 로 탐색하면서 이전에 알 수 없었던 자신을 만나게 되고, 더 큰 삶의 의미를 찾게 된다.

새로운 변화를 만드는 과정에서 초조하게 서두르지 않는다. 즉각적으로 모든 것이 한꺼번에 변화되리라는 기대는 오히려 절망에 빠뜨린다. 오랜 시간 형성된 생활습관이나 익숙한 움직임 체계를 변화시키는 일은 꾸준히 진행되는 시간을 통해 이루어진다. 자동적 반응이 몸에 배어있기 때문에 새로운 방식은 어색하고 불편하다. 인간의 행동은 무의식적으로 변화를 회 피하며 편한 방식으로 돌아가기 쉽다. 지속적인 변화가 나타나다가도 한순 간 습관으로 돌아가는 것이 반복된다. 기존의 방식이 좋거나 옳은 것은 아니 라는 사실을 인정하더라도 습관적 오류에서 벗어나려면 오랜 시간이 걸린다. 변화의 과정에서 다양한 상황과 한계를 경험한다. 어떤 날은 멈춰 서버린 것 같고, 오르막에서 미끄러지는 경험도 한다. 이러한 모든 순간이 변화의 과정이다. 인생에 의미 있고 가치 있는 일은 쉽게 이루어지지 않는다. 가치 있는 목표를 바라보고 걸어가면 자신에 대해 조금씩 더 알게 된다. 목표에 압도당하지 말고 한 걸음씩만 걸어가면 된다.

나를 찾아가는 삶의 여정에서 작은 벽돌을 쌓아서 건물을 세우는 것처럼 작은 목표를 성취해간다. 지금 할 수 있는 일에 집중하고, 스스로 격려한다. 몸에 대한 변화에 지나치게 의미를 부여하지 말고 매 순간을 지나가는 풍경처럼 바라본다. 내일은 또 다른 풍경을 보게 될 것이다. 매일 쌓인 시간이 새로운 이야기를 만들어간다. 포기하거나 자신을 탓하면 자기 효능감이 낮아져서 지속하기 어렵다. 수고한 자신에게 인사를 건네고, 매일 소소한 일을 시도한다. 오늘 할 수 있는 일에 만족하고 감사한다. 실패를 소중한 경험으로 받아들이면서 용감한 도전을 계속하면 오랜 습관에서 서서히 벗어나게 된다.

지식과 원리를 이해하고 적용하는 힘, 서두르지 않고 포기하지 않고 건강한 방향으로 꾸준히 지속하는 힘은 마음에서 나온다. 신체를 과도하게 압박하는 것이 아니라 마음의 힘으로 몸을 이끌어 간다. 완벽한 몸을 지닌 사람은 없으며, 누구나 문제를 갖고 있다. 자신을 있는 그대로 수용하면 모든 경험이 소중한 자원이 된다.

필라테스는 무용수들의 건강관리와 신체 기능 향상을 위한 실천적 운동법이다. 올바른 자세에서 호흡을 기반으로 근골격계 기능을 향상시키는 운동이므로 발레, 현대무용뿐 아니라 다양한 춤 훈련에 도움이 된다. 필라테스 운동은 최고 수행(peak performance)에 필요한 신체 균형, 정서적 안정, 신체 기능 향상, 에너지 효율성, 동작 기술을 향상시킨다. 뉴욕시티발레단의 수석 무용수 수잔 패럴(Suzanne Farrell)은 "필라테스 메소드는 당신이 스스로 몸을 잘 조절할 수 있도록 해줘요"라고 말했다. 자신이 처음 조셉 필라테스에게

왔을 때 몸이 과도하게 경직되어 있었다는 것을 회고했다. "필라테스 훈련법은 정신적 만족감을 주었다. 전신을 강화하고 이완시키기에 완벽하고 특히 하복부와 척추에 미치는 영향이 크다. 만약 모두가 필라테스 훈련을 한다면, 척추 문제가 줄어들 것이다"라고 했다. 코어 힘은 무용수들의 만성 허리 통증을 줄이고, 춤 스타일에 따른 신체적 변형이나 불균형한 자세로 인한 기능장애를 회복시킨다.

필라테스 운동은 몸을 진정한 균형상태(true balance)로 만들어 준다. 필라테스를 훈련한 무용수들은 강화된 코어를 갖게 되어 흔들리거나 불안하지 않게 춤을 출 수 있다. 중심축을 유지하면서 코어에서 사지로 뻗어나가는 힘으로 전신을 조화롭게 조절하게 된다. 정수리부터 발끝까지 우아한 자세로 기능적인 동작을 할 수 있게 된다. 복부를 수축한 상태에서 흉곽을 움직여 깊은 호흡을 하면 날씬한 허리와 단단한 복부가 만들어진다. 비대하지 않으면서도 강한 근육으로 탄력적이고 유연하게 움직일 수 있게 된다(Fridman & Eisen, 1980). 필라테스 훈련으로 만들어진 단단하고 매끈하고 기능적인 몸은 무용수들의 바디이미지에 긍정적 영향을 준다.

필라테스 호흡은 에너지의 흐름을 돕는다. 조셉은 "젖은 수건을 비틀어 짜듯 자신의 폐를 쥐어짜라. 그러면 곧 손끝부터 발끝까지 몸 전체가 신선한 산소로 가득 찰 것이다"라고 말했다. 호흡은 혈액순환과 근 신경 활성화에 도움이 되며, 자율신경 균형으로 심리 상태를 안정시키고 신체적 긴장 반응을 조절한다. 정신과 신체가 하나로 통합되는 과정에서 호흡과 함께 고요히 내적인 상태에 집중하면 불필요한 긴장이 사라진다. 부자연스럽게 무리한 자세를 취하거나, 완전히 지쳐버릴 때까지 같은 동작을 반복하면서 몸을 혹사하는 운동은 집중력과 즐거움을 사라지게 한다. 필라테스 운동은 호흡을 따라 움직임을 과도하지 않게 조절하면서 심신을 조화롭게 만드는 '심신 컨디셔닝'이다.

필라테스 운동은 동작 감각에 집중하여 몸을 조절한다. 코어근육은 외적으로 보이는 동작 형태가 아니라 내적인 느낌으로 하는 운동이다. 자신의 상태를 인식하면서 올바른 움직임 원리를 따라 몸을 섬세하게 조절하는 '마음 운동'이다. 정신적 힘으로 몸을 조율(tuning)한다는 점에서 '똑똑한 운동'이다. 몸 중심이 안정되고 내적 감각으로 조절하는 능력이 향상되면 건강한 춤을 출 수 있다.

2부

운동학습

운동학습 과정에서 동작 과제의 특성과 학습자의 신체 시스템 간에 존재하는 많은 요소를 조절하는 신경과 근육의 상호작용이 나타난다. 반복적 연습과 훈련으로 뇌의 기능, 기억, 사고과정, 문제해결, 감정 그리고 또 다른 측면의 정신적 과정에서 새로운 신경회로가 형성된다. 지각정보와 동작 수행의 과정이 반복되어 신체 시스템 내에 존재하는 여러 가지 요소들이 기능적인 단위로 조직된다. 체계적이고 지속적인 경험이 반복되는 과정에서 동작과 지각의 체계는 상호 보완적인 관계로 연결되어 환경에 반응하는 인간 행동을 변화시킨다.

근신경 제어이론은 직접적인 관찰이 불가능한 내적인 변화를 설명한다. 정보처리의 관점은 외부의 물리적 자극이 인간 내부의 생물학적 감각을 통해 감지되어 나타나는 반응을 설명한다. 처음 자극이 주어지는 단계에서 감각의 종류, 자극이 명확성에 따라 반응이 달라진다. 그다음에는 선택할 반응의 다양성, 반응선택의 복잡성에 따라 달라진다. 마지막 근육운동 반응에서, 반응의 복잡성에 따라 근수축에 필요한 힘의 양, 시간, 순서, 시용 근육이 조직된다.

역동체계 이론과 생태학적 이론은 기능구조단위의 질적인 변화를 설명한다. 중추신경에 전달되는 동일한 명령이 다른 움직임을 생성하거나 다른 명령이 같은 움직임을 생성하게 된다. 생물학적 반응 그리고 환경 자극에 반응하는 기계론적 견해로 이러한 양상이 설명된다. 동작 제어 과정에서 인체의 수많은 요소와 역학적 작용이 협응 단위를 구성한다. 말초 제어기관인 신경과 근육, 골격 등의 인체의 기관과 환경의 상호작용을 통한 자기조직의 원리로 수많은 자유도가 조절된다. 동작의 질적인 변화는 시간에 따라 차례로 일관되게 나타나는 것은 아니며, 내외적 상호작용을 통해 움직임 요소가 제어된다.

운동학습의 행동적 재구성단계에서 과제 특성에 적합한 제어형태가 만들어지도록 피드백이 제공된다. 운동 행동의 안정적 변화가 나타나도록 학습자의 특성과 학습 단계에 맞는 방법을 계획한다. 운동학습 과정에서 스스로 동작 오류를 탐지하고 조절하도록 다양한 연습 방법을 적용한다.

3장

운동제어와 피드백

인간 뇌의 중추 제어 시스템에 의해 내·외적 자극에 대한 반응이 나타난다. 운동 행동은 외부에서 들어온 정보가 내적으로 처리되는 과정에서 나타나는 신체적 반응이다. 환경으로부터 들어오는 정보를 감각체계로 감지하고 입력된 정보를 저장체계에서 수용하여 처리한다. 입력된 정보를 처리하는 능력에 따라 수행력이 결정된다. 동작 경험에 대한 기억을 회상하거나 환경으로부터 들어오는 정보에 대한 반응으로 행동이 나타난다.

인간 내부에서 발생하는 복잡한 과정은 외부 감각정보에 대한 반응시간과 개재된 요인들의 관계로 설명된다. 정보처리 과정에서 감각확인, 반응선택, 반응계획이 단계적으로 일어난다. 감각기억 단계(SI: Stimulus Identification)에서 외부로부터 들어온 정보를 확인하고 분석한다. 외부의 물리적 자극을 인간 내부의 생물학적 능력으로 감지하여 식별한다. 감각기관에 따라 시각은 180msec, 청각은 160msec, 촉각은 140msec, 자기 운동감각은 120msec로 반응시간이 다르며, 자극이 명확하고 강할수록 반응시간이 짧아진다. 반응선택 단계(RS: Response Selection)에서 어떠한 동작을 해야 하는지를 결정한다. 선택해야 하는 반응의 수, 특정 반응이 일어날 상대빈도, 반응의 관련성 여부에 따라 소요시간이 달라진다. 즉 선택할 반응의 다양성과 반응선택 시 요구되는 패턴의 복잡성에 따라 달라진다. 반응계획 단계(RP: Response Programming)에서 추상적 개념의 반응이 근육운동으로 전달되고, 동작을 하기 위해 신체를 조직한다. 결정된 명령에 따라 근수축이 일어나며 힘, 타이밍, 순서, 사용할 근육을 결정한다. 반응의 복잡성에 따라 반응시간이 달라진다.

운동 프로그램 이론은 뇌에 저장된 중추적 표상으로 인간의 운동을 설명한다. 두뇌에서 내리는 명령과 외부 정보의 영향으로 동작이 조절된다. 뇌에서 동작이 시작되기 전에 구체적으로 동작을 지시하는 명령이 내려지고, 실행되는 동작의 세부사항을 조절한다. 기억체계에 저장된 정확한 동작 참조 준거와 비교하여 동작 오류를 수정하는 과정에서 감각체계가 작용한다. 감각 수용기관인 근육, 관절, 건 등을 통해 외부자극이 감지된다. 외부 정보를 받아들이면서 지속적으로 오류를 탐지하고 수정하는 지각 흔적과 중추 신경계로부터의 운동명령에 관여하는 기억 흔적이 작용한다. 외부의 자극을 감각기관이 받아들여 일련의 정보처리 과정을 거쳐 운동명령이 내려지고, 전달된 명령으로 근육을 수축시키고 관절운동을 일으킨다. 전체 동작 시간, 길이, 전체 힘의 양, 사용하는 근육부분, 신체의 각도는 상황에 따라 변하며, 동작의 순서, 동작의 시간비율, 상대적 힘은 변하지 않는다.

인간의 동작은 외부 정보가 없어도 정상적으로 실행될 수 있다. 특히 빠른 동작의 실행에서 피드백 정보의 통로인 구심성 신경을 차단한 후에도 인간 동작이 정상적으로 나타났다. 도식이론(schema theory)에서 피드백의 관여 없이 동작을 수행할 수 있는 구조화된 근육 명령 군을 설명한다. 포괄적인 동작표상 도식과 개별적인 동작표상 도식이 동작을 조절한다. 회상도식(recall schema)은 200ms 이상의 시간이 요구되는 빠른 동작을 조절한다. 인지적 전략으로 수행하려는 동작 과제와 유사한 결과를 회상하여 속도, 힘, 동작의 크기, 공간적 관계로 세부적인 동작 프로그램을 만든다. 재인도식(cognitive schema)은 느린 동작 과제를 조절한다. 과거의 경험 결과, 감각 결과, 초기 조건 등의 관계를 근거로 피드백 정보와 비교하여 오류를 탐지한다.

학습 과정에서 여러 운동요소가 통제되어 효율성 있는 신체 근육 단위들이 구성된다. 신체 내의 수많은 자유도를 점진적으로 정복해 가는 과정을 인지적 기억 표상(representation)만으로는 모두 설명할 수 없다. 자유도 (degree of freedom) 및 맥락조건 가변성(context-conditioned variability)에 의해 운동체계의 구성요소인 신체 분절, 근육, 세포 등의 요소가 조절된다. 역동체계(dynamic system) 이론에서 신체의 역학적 특성과 신체에 작용하는 내외적인 힘을 고려하여 인간 동작을 설명한다. 신경과 근육 간의 효율성이 높아지도록 환경 정보와 동작 과제 특성에 맞게 신체 협응 구조가 만들어 진다. 수행목적에 맞도록 신체의 상대적인 움직임이 구성된다. 의도하는 동작의 목적에 맞게 수많은 동작 요소들의 관계가 조직된다. 동작을 조절하는 과정에서 여러 운동요소가 효율적 동작 관계, 신체의 근육 단위로 협응한다.

신체의 근육들이 환경과 상호작용하는 과정에서 환경으로부터 제공되는 수많은 정보가 운동을 일으키고 변화시키는 데에 결정적인 역할을 한다. 생태학적 이론에서 인간이 가지고 있는 신체적 특성과 운동이 일어나는 환경의 중요성을 설명한다. 환경과의 상호작용에서 인간의 정신적 신체적 특징에 관련된 유기체 속박, 물리적 법칙과 사회문화적 환경에 관련된 환경 속박, 운동과제의 특성에 따르는 과제 속박이 상호작용한다. 유기체·환경·과제의 상호작용 결과 특정한 조건에 부합될 때 동작이 저절로 발생한다. 효율적인 움직임을 위한 기능적 단위인 동작 기술은 자기조직(self-organization)의 원리로 형성되며, 세 가지 요소의 상호작용 속에서 비선형성의 원리로 생성되고 변화된다.

피드백(feedback)은 학습 과정에서 동작을 가르치기 위해서 제공되는 학습 정보이다. 환경과 신체와 관련된 측면에서 동작 실행 결과, 즉 동작의 목표와 실제 동작 수행의 차이를 구체적 시각적, 청각적, 운동 감각적 정보로 제공한다. 개인 움직임의 실제적 상태에 관련된 정보인 감각적 피드백은 학습자가 움직임에서 발생하는 오차를 인식하도록 돕는다. 동작 기술을 수행하는 과정에서 수행하고자 하는 동작 목표를 이해하고, 동작 수행이 끝난 후에 수행의 정확성 여부를 판단한다. 학습자에게 오류에 대한 구체적인 정보를 제공하면 다음 시행에서 고쳐야 할 부분과 올바른 수행의 방향을 정하게 되어 동작 학습을 강화하고 학습 동기를 높여준다.

연습 중에 발생하는 시행착오에 관한 피드백은 학습자의 불필요한 행동을 줄여주고, 연습을 지속시키는 역할을 한다. 동작에 대한 긍정적인 정보는 다음의 수행에서 다시 반복하려는 의지를 갖게 한다. 행동주의에서 강조하는 효과의 법칙(law of effect)은 수행이 잘된 동작에는 칭찬 효과, 잘못된 동작에는 질책의 효과를 설명한다. 칭찬이나 보상을 통해 학습자가 현재의 수행을 지속하거나 더 나은 수행을 하도록 독려한다. 반면 학습자가 적절치 못한 수행을 하였을 때 부정적 경험을 제공하여 그것을 반복하지 않도록 한다. 움직임과 관련된 정보를 통해 학습자 자신의 수행과 목표 수행을 비교하면서 오류의 특성과 오류 수정에 관한 정보를 이해하여 목표를 향해서 지속적으로 실천하게 이끌어 준다.

동작을 처음 배우는 초보 단계부터 숙련 단계에 이르기까지 동작 실행에 필요한 질적, 양적인 정보는 다양하다. 동작 전에는 시각, 청각, 운동감각 등으로 정보가 전달되며, 동작 중에 내부 감각체계로 처리하는 내재적 피드백(intrinsic feedback)이 제공된다. 동작 후에는 외재적 보강피드백(extrinsic feedback)인 수행지식과 결과지식이 제공된다. 장시간 반복되는 학습 과정에서 수행능력이 감소하거나 지루함을 느끼지 않도록, 피드백 목적을 고려하여 적절한 방법으로 제공한다.

내재적 피드백은 어떤 과제를 완성하는 동안 스스로 느끼는 성취 수준에 관한 질적인 정보이다. 학습을 진행하는 동안 관련된 감각으로 느낌을 받아들이게 된다. 다양한 내적 감각 경로를 통하여 자신의 움직임에 관한 정보를 얻는다. 일상적인 행동에서도 이러한 과정에서 특정한 반응이 나타난다. 내재적 피드백은 시각, 청각, 동작 감각, 촉각 등 감각 피드백(sensory feedback)을 통해 전달된다. 대부분 시각과 운동 감각적 정보이다. 시각은 동작 수행을 위한 중요한 정보로 환경의 물리적 구조와 변화를 파악하여 일어날 사건을 예측한다. 운동 감각은 고유수용감각(proprioception)으로 자기 신체의 공간적 위치나 모든 동작에 관련된 감각이다. 운동 감각적 피드백은 특히 초보자에게 중요하다. 운동감각을 통해 신체 각 부위의 위치나 근육의 움직임 등에 관한 정보를 받아들여, 자세를 유지하거나 신체 각 부위의 동작을 조절한다. 감각 인식에 오류가 생기면 기능적 조절이 어렵다. 내적 감각으로 동작을 조절하려면 충분한 시간이 필요하다. 내재적 피드백은 느린 동작 과제 연습에 효과적이다.

외재적 피드백은 학습자 자신이 아닌 다른 사람이나 다른 수단을 통해 얻게 되는 정보이다. 외재적 피드백은 결과 동작의 특성이나 수행 성과와 관련된 개인의 수행특성에 근거한다. 한 개인의 동작에 대한 일반적인 정보에서부터 매우 세부적인 정보까지 광범위한 정보를 다양한 방법으로 제공한다. 외부에서 제공되는 피드백은 결과지식(KR: knowledge of results)과 수행지식(KP: knowledge of performance) 그리고 보강적 감각 피드백(augumented sensory feedback)으로 전달된다. 결과지식은 수행 결과만을 제공하며, 수행지식은 움직임 자체에 대한 정보를 주는 것이다. 보강적 감각 피드백은 동작 진행 중에 제공된다. 결과지식과 수행지식은 학습의 향상에 많은 영향을 주는 가장 근본적인 문제해결 정보이다. 수행지식과 결과지식 모두 동작 수행이 일어나 후에 일반적으로 언어로 제공된다. 결과지식은 기능의 성과에 중점을 두는 반면 수행지식은 기능이 이루어지는 과정에 중점을 둔다. 수행지식 또는 결과지식은 그 질적, 양적인 차이에 따라 기술 향상에 큰 영향을 준다. 특히 수행지식이 기술 수행 향상에 더 많은 영향을 준다.

결과지식(knowledge of result)은 학습반응이 끝난 후 반응의 결과나 그 결과를 생성한 수행특성에 관한 정보를 학습자에게 제공한다. 결과지식은 학습자의 이전 반응을 강화하는 수단이다. 정확한 반응 후에 뒤따르는 어떤 보상은 동작을 강화하거나 유사한 반응이 일어날 가능성을 높인다. 결과지식은 동작 학습 과정에서 교사에 의해 조절되는 학습 변인이므로 교사는 결과지식이 학습에 미치는 영향에 대해 신중히 고려한다. 학습자에게 동작의 전체나 일부분에서 발견된 오류 정보를 제공하는 것이 기술 향상에 도움이 되는지? 다음 수행에 도움을 주기 위해 어떤 부분에 대한 정보를 제공해야 하는지? 적절한 판단으로 결과지식을 제공한다.

결과지식 제공빈도에 관한 연구에서 매 시행 후 결과지식을 받는 집단보다 적은 결과지식을 받은 집단에서 파지나 전이 검사에서 수행능력이 높게 나타난다. 오류 수정을 위해 결과지식을 자주 제공하는 것이 수행에 도움이 되지만, 학습자가 효과를 지속하기 위해 결과지식에 의존하게 된다. 결과지식의 안내가설(guidance hypothesis)은 외재적 피드백에 대한 의존 효과를 설명한다. 외부에서 제공되는 결과지식에 의존하면 학습자 스스로 내적 감각 피드백으로 오차를 탐색하거나 교정하여 문제를 해결하는 능력을 사용하지 않는다. 결과지식이 지속적으로 제공되면, 스스로 동작의 오류를 수정하거나 자신의 동작 기준을 확립하지 못하게 된다. 자주 제공되는 결과지식은 주의 역량이나 활동기억의 역량에 과부하로도 이어진다. 개인이 처리할 수 있는 정보의 양을 초과할 경우 학습에 방해가 되므로 정보처리 역량을 초과하지 않는 범위에서 제공되어야 한다.

수행지식(knowledge of performance)은 동작의 특성에 관한 정보를 학습자에게 제공하는 운동학적 피드백이다. 실제 수행 혹은 동작의 특징에 대한 정보를 환경과 관련하여 학습자에게 제공하는 동작에 대한 정보이다. 수행지식은 질적, 양적인 차이에 따라 기술습득과 향상에 큰 영향을 준다. 수행 과정에서 나타난 오류의 원인에 대한 정보를 제공하면 학습자 자신의 동작 수행에서 나타나는 문제를 수정하여 올바른 동작을 할 수 있다.

학습자에게 제시되는 수행지식은 동작의 기초가 되는 수행의 특징을 포함한다. 교사가 수행지식을 제공하기 위해서 동작 원리를 이해해야 한다. 교사는 동작 기술을 분석하여 수행에 필요한 요소들을 분류하고, 협응 동작의 형성과정에 필요한 정보를 제공한다. 동작 요소의 우선순위를 정하고 학습자에게 제공할 내용을 결정한다. 동작에 대한 피드백으로 지각 흔적과 재인도식이 발달하기 때문에 인체의 구조-기능을 정확히 제시해야 한다.

동작 기술에 대한 분석이 올바르게 이루어져야 유용한 정보를 제공할 수 있다.

언어적 수행지식은 학습자들이 범하는 오류들을 간단하게 설명하는 서술적 수행지식(descriptive KP), 오류를 확인하는 것 이외에도 오류를 어떻게 수정해야 하는지의 정보까지도 제공하는 처방적 수행지식(perceptive KP)으로 나누어진다. 교사는 학습자가 동작 수행의 오류를 수정하고, 올바른 동작을 수행할 수 있도록 학습 과정에서 관찰된 여러 가지 오류를 알려준다. "어깨가 경직되었다"라고 말하면 문제점만 알려준다. "어깨와 귀 사이를 멀어지게 해라"라는 말은 동작 수행과정에서 나타난 오류를 수정할 수 있는 정보를 제공한다. 특히 초보자에게 동작 오류를 고칠 수 있는 원리를 언어로 설명해 준다. 학습자의 특성과 학습 단계에 맞도록 정보제공 형태를 결정하고 계획적으로 실시한다.

새로운 동작 기술을 처음 배우는 단계에서는 자신의 수행을 스스로 평가하지 못하기 때문에 숙련된 전문가로부터의 피드백이 필요하다. 그러나 지나치게 많은 정보는 새로운 동작을 배우는 학습자에게 혼란을 준다. 수행지식을 받아들이는 대상의 수준에 적합하고, 수행에 필요한 정보를 짧고 명료하게, 구체적이고 정확하게 제공한다. 단순하고 선명하게 초점을 제시해야 수행에 집중할 수 있다. 수행지식을 제공하는 빈도는 과제의 난이도와 특징, 그리고 학습자의 특성을 종합적으로 파악한 이후에 결정한다. 동작과 관련성 여부, 정보의 양과 질, 언어와 비언어, 학습의 방법과 내용의 복합적인 관계 속에서 판단한다. 단순히 많은 빈도의 수행지식이 효과적인 것은 아니다.

동작 학습 진행 중에 보강적 감각 피드백으로 동시적 정보가 제공된다. 서툴고 부정확한 동작이 고도의 기술적인 동작으로 발전하기 위해서는 동작 학습이 진행되는 순간에 다양한 경로의 감각정보가 필요하다. 언어적 지시, 모델링과 시범, 언어적 예비훈련, 동작 수행에 대한 기계적 원리, 연습 전 정확성 기준 등을 통해 학습과제가 전달된다. 개인이 쉽게 감지할 수 없는 정보나 추가적인 정보로 언어, 시각적 정보, 운동감각 정보를 보강한다. 언어적 피드백은 학습과제, 동작의 기계적 원리, 사전 인지 훈련을 위해 제공된다. 모델링이나 시범은 시·공간적 정보와 전략적 정보를 제공하고 제시된 모형을 모방하는 것으로 학습에 도움을 준다. 모델링과 시범을 동작 수행 원리에 대한 정확한 언어적 정보와 함께 제공하면 효과적이다. 언어, 시청각 정보와 함께 정확한 동작을 신체적으로 지적해 주는 교도 방법을 보강한다.

언어적 피드백은 단순하게 학습과제를 제공하는 것뿐만이 아니라 동작을 조절하는데 필요한 정보를 제공한다. 수행과정을 설명하고 원인에 대한 정보를 함께 제공함으로써 학습자들이 자신의 동작 수행에서 나타나는 근본적인 원리를 알아차리게 한다. 동작 학습 과정에서 언어로 설명하는 피드백은 동작의 결과나 성과보다 학습자가 동작 기술을 올바르게 수행하도록 구체적으로 묘사한다. 동작 학습에서 "시선을 대각선 위로 향해라", "발바닥 전체를 지탱하는 힘으로 몸을 세워라", "손끝을 멀리 보내라" 등의 표현은 수행의 방법을 더욱 구체적이고 명료하게 전달한다.

시각 피드백은 수행이 진행되는 과정과 동작 수행 후 관련된 정보를 시각으로 제공한다. 언어적인 설명과 함께 영상, 사진 등을 제공하면 편리하고 즉각적으로 수행의 과정과 결과를 확인할 수 있다. 비디오 자기관찰학습은 학습자가 행동을 기록하고 관찰하는 과정에서 자신의 행동 목표를 세우고 직접적인 행동전략을 수립하게 돕는다. 최근 사용되는 바이오 피드백은 학습자가 눈으로 확인할 수 없는 관절의 위치나 근육의 활동 수준, 힘의 생성, 신체 중심 위치의 변화에 대한 정확하고 객관적인 정보를 제공한다.

신체적 접촉 피드백은 동작에 필요한 정보를 직접적 신체 접촉으로 전달한다. 운동 감각(kineastheic sense)과 고유수용감각(propriocenpt)에 의해 신체의 위치를 감지하고 동작을 촉발한다. 내적 감각이 억제되거나 지나치게 흥분하면 근육이 긴장되어 공간에서 몸의 위치를 잡는 것에 혼란이 생긴다. 신체 부분을 직접 접촉하여 피드백을 제공하면 내적 감각으로 오류를 탐지하고 신체를 조절하도록 돕는다. 즉각적으로 신체적 자각을 일으키는 교도

역시 양과 방법을 적절하게 제공한다. 학습자가 피드백에 의존하지 않도록 최소화하여 스스로 조절하는 능력을 키워야 한다.

언어적 비언어적 피드백의 제공 횟수는 연습기간 동안 일정한 횟수로 피드백을 제공하는 절대빈도(absolute frequency)와 연습 시행의 일정한 비율로 피드백을 주는 상대빈도(relative frequency)를 고려한다. 또한 피드백을 주는 시기, 지연시간, 방법 등을 고려한다. 동작 중에 주는 동시적 피드백과 동작 후에 주는 종말적 피드백, 동작 직후에 주는 즉각적 피드백과 동작 후 시간이 지난 후에 주는 지연적 피드백, 종합적으로 제시하는 피드백과 매번 제시하는 단독적 피드백 등 적절성을 고려하여 제공한다.

연습 조건은 운동 수행과 관련된 정보 탐색에 영향을 주기 때문에 학습자의 특성과 과제의 특성을 고려하여 연습방법을 계획한다. 연습이 시작되기 전에 학습자의 건강 상태, 신체 상태, 경험, 동기를 파악한다. 학습자의 자극 선별 능력, 주의력, 에너지 소비 패턴 등을 고려하여 연습이 진행되는 동안 동기 저하, 피로, 주의력 결핍 등의 원인으로 나타나는 학습의 정체기를 예측하고 대처한다. 반복되는 연습이 효율적으로 진행될 수 있도록 학습자의 상태에 따라 과제의 난이도를 조절하고 적절한 연습 방법을 적용한다.

학습과제인 동작 기술의 특성을 분석하여 주요 요인을 체계적으로 제시하고, 동작 연습에서 수행 조건을 일관되게 유지하면 과제 적응력이 촉진된다. 감각정보와 운동요소를 통합하는 것이 수월하도록 학습조건을 맞추어 연습하면 수행능력에 일관성이 생긴다. 연습상황에서 다양한 동작 경험은 과제 간의 간섭으로 전이를 촉진하기 때문에 여러 가지 다른 동작을 섞어서 연습하거나 연습 방법을 다양하게 적용하면 연습하는 동안 문제해결을 위해 정보를 능동적으로 처리하게 되어 학습에 도움이 된다.

1. 학습 단계

학습 초기에 동작 기술에 필수적인 기본동작의 유형에 대한 이해가 필요하다. 신체 움직임 그 자체보다는 동작에 내포된 인지적 요소인 지각, 기억 그리고 정보처리의 과정에 관심을 기울인다. 인지 단계(cognitive stage)에서 동작 기술의 기본과제가 무엇이며, 수행의 원리와 규칙이 무엇이며, 성공과 실패가 어떻게 결정되며, 사용되는 용어의 의미가 무엇인지 이해한다. 즉, 동작에 대한 관념이 습득된다. 동작 기술의 목표 달성에 필요한 일반적인 개념이 형성되는 초기 단계에서 학습자는 동작과 관련된 자극과 관련 없는 자극을 구별하면서 동작의 유형을 확립한다. 학습자가 운동 자극의 적절성을 판단할 수 있어야 동작 수행에 필요한 신체 부분들의 협응이 가능하다.

연관 단계(associative stage)에서 연습을 통해 기술이 세련되면서 스스로 오류를 발견하는 능력과 반응능력이 발달한다. 자동 단계(automatic stage)에서 운동기술이 거의 자동적이고 습관적으로 수행된다. 고도로 연습된 기술은 반사(reflex)와 유사하다. 고도의 전략에 주의를 집중하거나 동작의 수행에서 결정적인 국면에 주의를 기울이게 된다. 이 단계에서 스스로 오류를 발견하고 교정하는데 적절히 대처하게 된다. 고정화(fixation)와 다양화(diversification) 단계에서 학습자는 상황에 상관없이 동작 기술의 목표 달성에 필요한 수행력이 향상되어 동작 기술의 일관성이 나타난다.

2. 동작 기술

내외적 자극에 반응으로 신체를 조절하여 목표를 수행하는 인간 행위(body action)에는 여러 가지 동작 요소가 포함된다. 수축—신전, 구부리기—펴기, 모으기—뿌리기, 정지, 돌기, 움직임의 경로, 공중으로 비상, 무게중심의 변화, 무게중심을 변화시켜 이동한다. 움직임이 시작되는 지점에 따라 몸통에서 가장 먼 손끝과 발끝, 무릎, 몸통에서 움직임이 나타난다. 신체 부분이 동시에, 인접한 신체 부분이 연속으로, 독립된 부분이 연쇄적으로 움직인다. 신체의 다른 부분이 동시에 서로 반대 방향으로 가거나, 신체의 두 부분이 같은 방향으로 동시에 움직이거나, 어떤 움직임이 신체 전체를 두루 통과한다. 신체 한 부분의 움직임이 물결과 같이 전달되거나 자연스럽게 이어진다. 동작의 방향에 따라 몸 중심에서 시작하여 밖으로 뻗어나가거나 중심을 향해 들어오는 방향으로 움직인다.

학습과제인 동작 기술은 효율적으로 움직이는 운동학적 요인과 신체적 특성을 조화시킨 운동 형태이다. 운동 행동이 고도로 조직화 되어 목적을 수행하는 동작 기술은 과제의 특성에 따라 소근육－대근육 기술, 연속－비연속 기술, 폐쇄－개방 기술, 자조적－외조적 기술, 물체조작－무조작 기술, 신체 안정－이동 기술 등으로 구분된다. 손끝 움직임과 점프 동작에 사용되는 근육이 다르다. 동작의 시작과 끝의 연결성, 환경과의 관계, 동작의 페이스 조절, 도구사용, 공간이동 여부에 따라 동작 기술이 달라진다. 다양한 요소가 연결되면 더욱 복잡한 동작 기술로 발전한다.

동작 기술이 능숙하다는 것은 동작 생산성이나 특징을 말한다. 생산성(productivity)은 동작을 얼마나 빠르게 수행하는지, 얼마나 높이 뛰는지 등을 판단하는 상대적인 의미이다. 특징(characteristics)은 주관적으로 평가되는 질적 가치이며 동작을 능숙하게 수행하는 정도를 나타낸다. 다리로 수행하는 고난이도의 동작기교, 호흡에 따라 감정을 표현하는 몸통과 팔 동작, 다른 사람과 함께 호흡을 맞추는 동작, 즉흥적으로 자유롭게 움직이는 동작에서 요구되는 동작 기술은 다르다. 동작 기술의 복잡성이나 조직성 그리고 학습자의 능력 등에 따라 연습을 위한 동작 단위를 결정한다. 가르치는 동작 기술의 유형에 따라서 학습자에게 제시되는 동작 단위의 분량과 순서가 달라진다.

3. 연습 방법

효과적인 연습을 위해 수행과제의 동작 단위를 배분하고 훈련 시간, 빈도, 강도, 활동유형을 고려한다. 단위수업에서 진행되는 연습의 순서, 연습시간과 휴식시간 배분, 실제 연습에 할애된 시간 등을 계획한다. 제시할 과제의 동작 단위를 결정하고, 신체적 연습과 정신적 연습의 비율을 조정한다. 연습과정에서 어려움을 참아내고, 변화를 기대하면서 스스로 즐겁게 연습하도록 다양한 방법을 적용한다.

동작 과제의 조직성(task organization)과 복잡성(task complexity)에 따라 연습할 동작 단위를 결정한다. 동작 기술에 포함된 구성요소들의 관계 그리고 동작에서 요구되는 정보처리의 양에 따라 전체의 과제를 연습하는 전습법(whole method)과 기술을 구성하고 있는 요소들을 나누어 가르치는 분습법(part method)이 적용된다. 과제의 구성요소가 복잡하고 에너지 소비가 많거나, 학습의 초기에는 분습법이 효과적이다. 학습의 후반부나 성인에게는 전습법이 효과적이다. 과제가 복잡하더라도 구성요소의 연결성이 중요한 경우 전습법이 효과적이다.

동작을 특정한 단위로 나누고 임의로 조직하여 전달하는 분습법은 짧은 시간에 정확한 동작을 배울 수 있어 학습 성취에 도움이 된다. 동작 부분을 연결할 때는 동작의 관련성을 고려한 군집화 전략이 필요하다. 점진적 분습법은 군집화(chunking)라는 운동기억 상기 전략을 이용한다. 복잡한 요소로 구성된 동작 기술에서 작은 단위의 정보들을 조직적으로 결합해야 한다. 동작의 복잡한 요소를 개별적인 것으로 인식하는 것이 아니라 일정한 단위로 인지해서 결국 하나로 결합한다.

분습법은 나누어진 요소들을 어떻게 제시하느냐에 따라 순수 분습법, 반복적 분습법, 점진적 분습법으로 구분된다. 순수 분습법은 각 요소를 일정한 수준까지 연습하고 난 후에 다음의 부분을 연습하는 방법이다. 반복적 분습법이란 첫 부분을 연습하고 난 다음에 그 부분과 거기에 이어지는 부분을 연결하는 방법이다. 점진적 분습법이란 연습한 부분들을 점차 합쳐가면서 연습하는 방법이다. 전체연습 후에 부분적 교정을 하는 전습법-분습법 또는 부분적 교정 직후에 전체연습을 하는 분습법-전습법이 적용된다.

연습과정에서 연습량과 연습시간을 고려한다. 연습 분량과 빈도에 따라 집중법(massed method)과 분산법(distributed method)을 적용한다. 집중법은 연습시간이 길고 연습량이 많은 연습법이다. 분산법은 연습 분량을 나누어 연습하는 방법이다. 학습 목표와 연습대상의 특성에 따라 집중법과 분산법의 효과가 다르다. 새로운 동작 기술을 습득하거나 특정 동작을 집중적으로 배울 때는 집중법이 효과적이다. 피로 때문에 동기가 저하되는 연습상황이나 스스로 교정할 시간이 필요할 때, 분산법이 효과적이다. 분산법은 피로 역치를 고려해야 하는 연습에서 효과적이다. 집중법과 분산법의 상대적 효과는 학습과제의 난이도에 따라 다르며, 연습과 휴식시간의 내용을 고려하여 연습시간의 길이를 결정한다.

4. 심상 훈련

수행과 관련된 장면과 느낌을 상상하는 심상 훈련(Imagery training)은 신체적 연습을 보완한다. 학습 단계 초기에는 단순하고 선명한 동작을 상상한다. 신체적 움직임이 제대로 형성되어 있지 않은 상태에서는 동작의 세부적인 사항을 정확하게 상상하기 어렵다. 학습 단계 후반부로 갈수록 정신적 연습의 효과가 크다. 마음에서 일어나는 경험으로 훈련하는 방법은 체력의 소모 없이 어려운 기교들을 연습할 때 효과가 크다. 심상 연습 초기 단계에는 외적 심상을 하고 점차 익숙해지면 내적 심상을 한다. 움직임을 조절하는 감각을 스스로 느끼는 내적 심상이 외부의 시선으로 바라보는 외적 심상보다 효과적이다. 내적 심상을 할 때 근육과 신경의 활동이 더 활발하게 나타난다 (Harris & Robinson, 1986).

심상 훈련으로 모든 감각을 동원해서 마음속으로 어떤 경험을 떠올리거나 새로운 경험을 만드는 과정에서 미세한 전기 자극이 발생한다. 근신경학적 이론에 의하면 팔을 굽히는 동작을 상상할 때, 팔의 굴근에서 미세한 수축이 실제로 발생한다(Jacobson, 1931). 이때 활성화된 신경 근육 활동은 운동학습을 촉진한다. 선명하게 상상한 동작은 실제 신체 운동을 할 때와 같은 근신경 반응을 생성한다. 근육 활동은 강도는 약하나 실제 수행과 같은 형태로 작동한다. 상징적 학습이론에 의하면 심상은 기호화 작용을 통해 움직임 형태를 학습한다. 중추 신경시스템이 운동 프로그램을 창조하여 성공적인 운동을 하도록 정신적 청사진을 만든다. 인지적 요소가 많은 과제에서 심상효과가 더 크다(Feltz & Landers, 1983). 생물정보이론(bioinformational theory), 심리생리적 정보처리 이론(psychophysiological information theory, Lang, 1977, 1979)에서 구체적 감각 심상이 심리−생리적 변화를 일으켜 실제 상황에 적용되는 현상을 설명한다.

심상 훈련을 위한 방법은 첫째, 단순하고 쉬운 것부터 점진적으로 단계적으로 실행한다. 처음에는 감각의 단계로 색, 형태, 맛, 냄새 등 단순한 감각적인 것을 상상한다. 다음 단계는 단순 상상 단계로 바닷가를 걷는 상상이나 익숙한 동작을 상상한다. 점차 익숙해지면 복합 상상 단계로 발전시켜서 낯선 동작이나 복잡한 상황을 상상한다. 둘째, 실제 이미지와 똑같이 모든 감각을 동원하여 선명하게 상상한다(vividness). 셋째, 원하는 이미지를 조절한다(controllability). 부적합한 이미지가 내면에 자리 잡으면 효과적인 이미지를 만드는 것을 방해하기 때문에 부정적이고 실패한 이미지를 떠올리지 않도록 조절한다. 부적합한 이미지가 떠오르면 즉시 필름을 되감아 올바른 이미지를 상상할 수 있도록 편집한다. 동작을 상상할 때 동작의 속도와 연결 단위를 조절한다. 처음에는 동작을 부분적으로 끊어서, 느리게 상상한다. 익숙해지면 동작 기술을 연결하여 정상속도로 상상한다.

마음에서 일어나는 경험을 시각화할 때, 저장된 기억에서 의미 있는 부분을 구체적으로 떠올리거나 새롭게 편집한다. 이러한 과정에서 청각, 시각,

촉각, 후각, 운동감각을 사용하여 더욱 선명하게 경험한다. 특히 운동감각은 근육, 관절, 건에서 감각신경을 연결한다. 실행할 때는 과제와 관련된 감정과 느낌까지 함께 창조한다. 구체적인 상황, 주변의 시설들, 소리, 분위기까지 상상하는 것이 효과적이다. 상황에 대한 반응으로 나타난 몸의 긴장을 심호흡으로 조절하는 모습까지 상상한다. 스스로 확신에 찬 감정을 느끼거나 만족하는 심리적 반응도 상상한다. 신체적 활력이나 유연한 관절운동에서 일어나는 생리적 반응을 감각적으로 선명하게 심상하면 효과가 크다.

성공적인 경험을 떠올리는 심상을 자주 하고, 이때 느끼는 감정과 주변 상황까지 구체적으로 상상한다. 자신의 목표를 달성했을 때 받을 수 있는 구체적 보상에 대해서도 상상한다. 이때 수행에 영향을 주는 감정들을 의도적으로 조절한다. 자신감 있게 동작을 하고, 적절한 긴장감을 유지하는 상상을 한다. 수행을 통해 얻을 수 있는 유익한 점을 생생하게 떠올린다. 심상은 동작 기술 연습뿐 아니라 고통과 부상의 회복, 자신감과 집중력을 증가시킨다. 심상은 생리적 긴장 증후를 감소시키기 때문에 각성과 불안 조절에 도움이 된다.

동작 연습도 매일 반복되는 꾸준한 노력으로 성취되는 것처럼 심상 연습도 계속적인 훈련이 요구된다. 심상을 할 수 있는 편안하고 조용한 상황과 장소에서 이완되고 긍정적인 상태로 집중한다. 각자에게 맞는 상징적 이미지, 단어나 감각을 적용할 수 있다. 현실적인 기대와 확신 그리고 충분한 동기를 갖고 수행해야 한다. 선명하고 통제 가능한 심상을 위해 필요한 경우 영상이나 시각자료, 녹음된 음성을 활용한다.

필라테스 학습사례

필라테스 학습에서 비교적 영속적으로 행동의 변화가 나타나도록 적절한 피드백을 제공한다. 학습 과정에서 제공되는 감각정보는 습관적 행동의 오류를 교정하고 올바른 자세로 몸을 변화시킨다. 필라테스 학습에서 음악을 통한 청각 피드백은 근신경 조절에 영향을 줄 뿐 아니라 심상을 유도하여 운동 효과를 높여준다.

필라테스의 효과적인 학습 방법을 연구하기 위해 무용 전공생을 위한 '음악과 함께하는 필라테스' 연구가 진행되었다. 수업은 주 1회, 14주 동안 진행되었다. 동작지도 1인, 음악치료사 1인, 참여관찰 2인, 학생 6인, 영상 2인이 함께 참여하였다. 학습이 진행되는 동안 첫째, 각자의 건강 이슈와 관련된 자세와 행동 패턴을 분석하였다. 둘째, 연습과정에서 근신경 조절을 위한 다양한 피드백이 제공되었다. 셋째, 필라테스 운동에 맞는 음악을 적용하였다.

1-4주에는 학습자 스스로 자세와 행동 패턴을 인식하고, 척추와 코어의 해부학적인 구조와 기능을 중심으로 동작원리와 자세를 이해하는 사전연습이 진행되었다. 5주에서 13주까지는 필라테스 동작을 반복 연습하였다. 수업에서 근신경 활성화를 위한 웜업과 완전한 이완 상태를 경험하는 쿨다운을 시행하였으며, 매트와 리포머 동작을 수행하였다. 다양한 음악과 함께 언어, 시각, 접촉 피드백이 제공되었다. 관찰일지, 영상촬영, 인터뷰 등으로 개인적 건강 이슈와 관련된 변화의 과정을 기록하고 분석하였다. 관찰일지에는 통증의 변화, 몸에 대한 자각 그리고 정서적 반응을 기록하였다. 촬영된 영상으로 코어 안정화, 척추운동과 사지의 협응 능력을 관찰하였다.

신체적 측면에서 자세와 행동 패턴, 심부 근육에 대한 조절능력 변화, 신체적 긴장감과 통증, 불균형한 자세와 기능적 문제에서 변화가 나타났다. 흉곽과 복부를 수축하는 동작으로 코어가 안정되었다. 몸통이 안정되면서 고관절과 어깨가 이완되고 목과 어깨가 편안한 상태로 동작을 수행하게 되었다(그림1). 깊은 호흡으로 코어를 수축한 상태로 몸통을 조절하게 되었다

(그림2). 동작을 조절하는 힘이 생기면서 몸의 중심에서 뻗어나가는 사지의 협응 능력이 향상되었다(그림3). 영상관찰에서 몸 중심에서 전신으로 연결되어 나가는 동작이 자연스럽고 안정적으로 나타났다. 일상생활에서 나타난 변화에 대해 "만성적 허리 통증이 사라지는 기적 같은 경험이었다", 코어 운동이 일상생활 속에서 몸의 균형에 대한 느낌으로 전이되어 "대중교통을 이용하거나 걸어 다닐 때 신체 중심에 힘이 생기는 것을 느낄 수 있었다"라고 말했다.

[그림1] 코어 안정

[그림2] 몸통 조절

[그림3] 사지 협응

심리적 측면에서 음악을 통한 감각적 피드백이 정서를 안정시키고, 연습의 효율성을 높여주었다. 음악을 들으면서 자연스럽게 심상이 유도되었다. 학생들은 음악을 들으며 청각적 자극을 통해 자세를 바로잡는 심부 근육에 집중할 수 있었고, 긴장을 조절하게 되었으며, 동작 흐름(movement flow)을 이끌어 갈 수 있었다. 다양한 음악을 적용하는 과정에서 학생들은 심리적 저항, 충돌, 안정을 경험하였다. 엠비언트(Ambient) 음악을 적용하였을 때, 가장 편안하고 적절한 신체 반응이 나타났다. 흐름을 이끌어 주는 음악을 통해 운동적 호흡과 이완 사이에서 적절한 균형을 경험할 수 있었다. 학생들은 음악에 대해 "필라테스 동작을 도와주는 친구"라고 표현하였으며, "심리적 위로, 자신과 만남, 내면의 발견" 등으로 반응하였다(나경아, 2022).

3부

필라테스
실습

평소 바른 자세라고 느끼는 상태에서 거울을 보면 생각과 다르게 불균형한 모습을 발견한다. 습관적으로 살아가다 보면 바른 자세에 대한 혼란을 겪게 된다. 흔히 이상적인 자세라고 생각하는 무용수들의 곧은 자세도 과도하게 척추를 편 상태를 유지하게 되면 일자목, 편평 등이 된다. 동작 기술을 한쪽 다리로 수행하다 보면 척추 측만과 골반 뒤틀림이 나타난다. 기능적인 정렬 상태를 확인하지 않고 운동을 하면 불균형이 더욱 심해진다. 동작 원리와 자세의 기준을 모르고 운동을 하면 오히려 몸에 해롭다.

척추가 이완된 상태에서 배꼽을 중심으로 몸을 안정시키면 무의식적인 습관에서 나오는 반응을 멈출 수 있다. 코어의 힘이 생기면 신체의 불필요한 긴장 없이 원하는 동작을 자유롭게 할 수 있다. 필라테스는 동작 형태보다 내적 감각으로 몸을 느끼는 운동이다. 호흡과 함께 에너지가 흘러가도록 동작 감각에 집중하면서 몸의 중심에서 섬세하게 조절하는 운동이다.

하나의 움직임 안에는 여러 가지 동작 요소가 복잡하게 연결되어 있다. 필라테스 운동으로 자세 근육이 활성화되면 복잡한 움직임의 관계가 기능적으로 연결된다. 운동할 때, 중력의 저항을 가장 효율적으로 분산시키는 중립 자세를 유지하고, 보이지 않는 물리적 힘의 관계를 상상하며 움직인다. 몸통이 안정되면 사지 운동을 연결하고, 점차 반복 횟수를 늘리면서 움직임의 범위를 확장한다. 은유적 지시어를 적용하거나 자세를 조절하는 자신만의 루틴을 만들어 연습한다. 동작 연습을 반복하면서 불편한 증상, 자세에 대한 느낌 그리고 일상적 활력의 변화를 관찰해 나간다.

5장

동작 원리와 자세

삶을 살아가는 직접적인 도구이며, 존재 자체를 나타내는 인간의 몸은 복잡한 요소와 관계로 이루어진다. 움직임을 실행하는 근골격계는 200여 개의 뼈가 다양한 모양의 관절로 연결된다. 관절의 형태는 움직임의 범위를 결정하며, 관절 축을 중심으로 굴곡, 신전, 내전, 외전, 회전 운동을 할 수 있다. 인간의 몸은 척추를 중심으로 여러 방향으로 움직이는 골격과 몸의 형태를 유지하고 활동에 필요한 힘을 공급하는 근육의 복잡한 관계로 기능한다.

인간 신체는 단순한 반사 운동에서 점차 복잡한 행동을 할 수 있도록 자연적 발달과정을 거친다. 움직임 발달의 첫 번째 단계는 호흡이다. 두 번째 단계는 몸의 중심과 말단 부분의 연결이다. 몸통의 중심에서 사지의 움직임이 연결되어 뻗어나간다. 몸의 말단으로 나가고 배꼽 쪽으로 다시 들어오는 상대적 긴장감이 나타난다. 세 번째 단계는 머리와 꼬리뼈의 연결이다. 두개골 아래에서 골반까지 연결된 척추 움직임이 나타난다. 머리와 꼬리뼈 방향으로 밀어내거나 당겨오는 움직임이 가능해진다. 네 번째 단계는 상체와 하체의 연결이다. 양쪽 팔이 먼저 움직이고 이어서 양발이 동시에 움직인다. 상체로 몸통을 지탱하여 하체를 움직인다. 팔을 내뻗고 다리를 당겨오면서 몸의 중심과 연결된다. 다섯 번째 단계는 신체 좌우의 연결이다. 신체의 반쪽이 움직일 때 반대쪽은 힘을 고정한다. 척추가 옆으로 굴곡하면서 한쪽 사지는 뻗고 다른 쪽은 구부린다. 여섯 번째 단계는 척추를 중심으로 사지가 좌우 대각선으로 교차한다(Barrenieff, 1980).

우리 몸은 의식하지 못할 때나 정지한 상태에도 보이지 않는 물리적인 힘과 환경적 영향을 받는다. 신체 부분들은 서로 상응하는 균형과 힘을 유지하면서 공간에서 위치를 조절한다. 영유아기에는 새나 고양이들의 행동처럼 내적 요구에 따라 즉각적으로 환경에 반응한다. 머리와 꼬리뼈, 견갑골과 손, 미골과 발뒤꿈치의 관계에서 자연스러운 흐름이 나타난다. 힘의 저항을 분산하거나, 부하를 가하는 방식으로 신체의 한 부분이 다른 부분에 영향을 주면서 점차 복잡하고 연속적인 동작 단위가 형성된다. 걷고, 앉고, 작업하는 일상적 행동에서부터 오랜 훈련을 통해 얻을 수 있는 고도의 기능적인 동작들에 이르기까지 외부 자극에 의한 경험이 자세에 영향을 준다. 시간적 압박을 받거나 무리한 행동을 하면, 외부의 자극과 내적 반응 사이에 균형이 깨져서 행동이 부자연스러워진다. 갑작스러운 충격과 혼란, 불확실, 실패에 대한 공포, 타인의 평가에 대한 부담감으로 생기는 긴장 반응은 자세 정렬에 영향을 준다.

필라테스는 자세를 올바르게 조절하여 신체기능을 회복시키는 운동이다. 척추를 지지해 주는 심부 근육인 코어를 통제하는 능력이 향상되면 자세가 안정된다. 코어는 겉으로 보이는 근육이 아니지만 코어가 강화되면 겉으로 드러나는 자세가 좋아지고 신체기능도 향상된다. 코어는 복횡근(transverse abdominus), 횡격막(diaphragm), 골반 저근(pelvic floor), 다열근(multifidous)으로 이루어진 몸의 중심이다. 코어가 약하면 복부가 앞쪽으로 돌출되어 요추가 압박을 받는다. 코어 운동은 호흡으로 복부의 압력을 유지한 상태에서 안전하게 전신을 움직이는 것이다. 복부를 압박하는 것이 아니라 배꼽을 중심으로 에너지를 느끼면서 수행한다. 치골에서 배꼽 쪽으로, 배꼽에서 척추 쪽으로, 골반 측면에서 배꼽 쪽으로 에너지를 모은다. 횡격막을 수축하는 힘으로 척추를 뻗어내고, 다리 사이를 조이면 코어근육이 활성화된다.

필라테스 운동의 기본 원리는 호흡(Breathing), 집중(Concentration), 조절 (Control), 중심잡기(Centering), 정확성(Precision), 움직임 흐름(Flowing Movement)이다. 필라테스 운동에서 가장 중요한 원리는 필요한 순간에 적절하게 들이마시고 내쉬는 호흡이다. 별다른 지시사항이 따르지 않더라도 먼저 호흡하는 법을 정확히 배워야 한다(Friedman & Eisen, 1980). 호흡으로 혈액이 체내에서 적절한 기능을 하도록 산소를 공급하고, 불필요한 이산화탄소를 배출한다. 호흡과 함께 혈액순환이 일어나면 근육에 영양이 공급되고 활동에서 생긴 노폐물을 배출된다.

호흡의 자연스러운 원리는 몸이 팽창되고 힘이 들어가는 동작에서 숨을 마시고, 상대적으로 편안하게 돌아올 때 숨을 뱉는다. 운동할 때는 호흡이 달라진다. 몸을 조이는 동작을 하고 있을 때는 폐에서 공기가 모두 빠져나간다는 생각으로 숨을 내쉬고, 본래 자세로 돌아올 때 숨을 마신다. 필라테스 동작에서 개별적 동작의 순서들은 호흡을 따라 일정한 리듬으로 진행된다. 내쉬는 숨이 들이마시는 숨을 이끌어 주는 방식으로 '움직임의 흐름(Flowing Movement)'을 이어간다. 동작 순서가 멈추거나 시작되는 과정에서 경직되거나 단절되지 않고 일정하게 흘러가도록 호흡을 조절한다.

필라테스 동작을 할 때 자신이 무엇을 하고 있는지 인식하고, 자신의 몸에 집중(Concentration)하다. 내적 감각에 집중하면서 속도를 조절한다. 시자 단계에서는 내적 감각이 불확실한 상태이므로 부분적 동작에 집중한다. 내적 감각에 집중하게 되면, 단순하게 보였던 필라테스의 동작이 전체적으로 매우 복잡하게 얽혀있다는 것을 알게 된다. 동작을 습득하기 전에 몸의 전체적 기능을 이해하고 느껴야 한다.

필라테스 운동에서 늑골 아래와 골반 사이의 단단한 느낌이 신체 전체로 뻗어나간다. 척추를 길게 늘인 상태에서 복부의 가장 깊은 부분의 힘이 단단하게 유지된다. 에너지의 중심에서 신체 균형을 유지하는 것이 중심잡기 (Centering)이다. 중심이 견고한 상태에서 신체 여러 부분을 조절(Control)할 수 있다. 바닥에 닿는 부분과 움직이는 부분을 각각 조절해야 한다. 코어가 수축할 때, 신체 다른 부분이 긴장하지 않아야 한다. 목과 어깨 긴장조절, 손과 발의 위치, 척추 방향, 고관절 움직임, 팔다리의 방향 등 수많은 부분을 조절하게 된다. 신체 부분들이 서로 밀접하게 연결되므로 동시에 모든 부분을 조절하기는 쉽지 않다. 몸통 중심에서 시작해서 점진적으로 확장시켜 나간다. 동작의 형태가 아니라 동작의 정확성(Precision)을 섬세하게 조절할 수 있도록 매 순간 집중해야 한다.

1. 자세 정렬

척추는 두개골에서 골반을 연결하는 몸의 중심기둥이다. 자연스러운 만곡이 유지되는 척추 중립 자세는 체중과 중력 사이에서 신체를 안정시킨다. 척추 중립은 척추에 붙어있는 어깨와 골반 균형에 직접적인 영향을 준다. 좋은 자세 정렬을 유지하면 몸통이 안정되어 전신운동이 수월해진다.

측면에서 관찰할 때, 귀, 어깨 중앙, 골반 중앙, 발목 중앙의 일직선으로 중심축이 유지되어야 한다. 정면에서 관찰할 때, 양쪽 귀와 양쪽 어깨, 골반과 발목도 좌우가 같은 선상에 위치해야 한다. 머리가 척추 위에서 안정적으로 위치하게 되면 관절 압박 없이 기능적으로 움직일 수 있다. 머리는 위와 앞쪽으로 향하고, 경추는 신전과 굴곡 중간의 자연스러운 만곡을 유지하여야 턱이 눌리거나 들리지 않고 편안하게 움직인다(1-1). 서 있을 때는 발바닥을 지탱하는 힘으로 정수리를 위로 올린다. 앉아 있을 때는 좌골을 바닥으로 내리고 정수리를 위로 올린다. 누운 자세에서는 뒤통수, 견갑골, 천골, 발을 바닥으로 내리고 척추 중립을 유지한다.

서 있는 자세에서 발바닥으로 중력을 저항하면서 지탱하는 힘이 두 다리를 타고 척추를 받쳐준다. 발로 체중을 지탱하고 머리를 하늘로 세우면서 전신의 앞-뒤, 오른쪽-왼쪽, 위-아래의 균형을 잡는다. 자세의 기반이 되는 두 발의 무게는 엄지발가락, 새끼발가락, 뒤꿈치로 균등하게 분산한

다(1-2). 발의 내측, 외측, 가로 방향으로 아치는 체중을 안전하게 지탱해
준다(1-3).

1-1. 자세 정렬

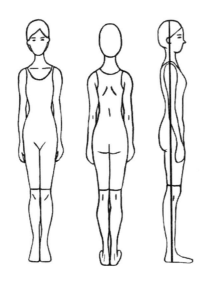

1-2. 발의 무게중심   **1-3. 발의 아치**

   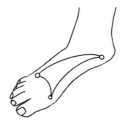

＊자세와 관련된 생각, 느낌, 특징을 관찰한다.

2. 흉곽

흉곽은 늑골, 흉골, 흉추로 구성되어 폐와 심장을 보호한다(2-1). 숨을 들이마시면 폐에 공기가 들어가고 횡격막이 아래로 내려가면서 몸통이 확장된다. 다시 호흡을 내쉬면 횡격막이 돌아오면서 몸통이 수축한다. 횡격막 호흡은 자율신경 조절에 도움이 되어 각성을 낮추고 평소 습관적으로 형성된 대근육 긴장감을 낮춰준다. 호흡할 때, 늑골이 앞쪽으로 열리지 않도록 모으고, 숨을 들이쉬거나 내쉴 때 복부의 압력을 유지한다(2-2).

코로 숨을 들이마실 때 늑골이 옆과 뒤로 열리는 것을 느끼고, 입술 사이로 호흡이 빠져나갈 때 늑골을 모아서 내린다. 숨을 내쉴 때는 폐에 남은 모든 숨을 비워내는 것처럼, 끝까지 내쉬면 횡격막이 수축한다. 호흡을 훈련하기 위해 늑골에 손을 대고 가볍게 조이면서 흉곽의 움직임을 느껴본다.

2-1. 흉곽	2-2. 호흡

*자세와 관련된 생각, 느낌, 특징을 관찰한다.

3. 복부

복부는 늑골 아래에서 치골까지 연결된 복근이 척추를 보호하는 구조이다. 배꼽을 중심으로 앞뒤, 위아래에서 복횡근, 다열근, 횡격막, 골반저근이 코어를 구성하여 안정된 자세를 만든다(3-1). 치골을 천골(pubic bone to sacrum)로, 배꼽을 척추(navel to spine)로 붙이면 복부가 납작해진다. 횡격막을 수축하면서 늑골을 모아 내리고, 다리 사이를 모으면 배꼽을 중심으로 복부가 탄력 있고 단단한 상태가 된다. 이때 복압으로 척추를 밀어내면 중심의 에너지가 사지로 연결된다(3-2).

3-1. 복부	3-2. 호흡

 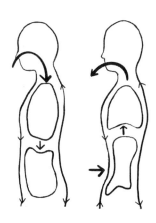

* 자세와 관련된 생각, 느낌, 특징을 관찰한다.

4. 척추

척추는 골반과 연결되어 몸통을 구성한다. 척추 긴장 없이 운동을 하기 위해 무릎을 세우고 매트에 눕는 구조적 휴식자세를 취한다. 이때 배꼽을 척추 방향으로 내리고, 흉골을 치골 방향으로 내리고, 치골에서 배꼽 방향으로 올라오는 힘을 상상하며 척추 전체가 늘어나는 것을 느낀다. 골반을 뒤로 눕히면 허리가 바닥에 닿고, 골반을 앞으로 기울이면 허리가 들어 올려진다. 꼬리뼈를 바닥으로 내리는 느낌을 상상하면 척추 간격이 좀 더 늘어난다(4-1).

등 근육이 긴장하지 않은 상태에서 허리 아래 자연스러운 공간이 유지되는 것이 중립 자세이다. 코어의 압력을 유지하면서 허리 근육은 과도하게 긴장하지 않아야 한다. 허리 아래에 손을 넣어 허리 긴장 없이 편안한 상태를 만든다(4-2). 척추뼈 사이 간격을 늘려서 바닥에 붙이는 척추 임프린트(Imprint) 동작을 하면 코어를 더 깊이 수축하는 힘을 느낄 수 있다. 내쉬는 호흡과 함께 척추를 바닥에 붙이는 동작으로 척추를 늘인다(4-3).

네발 자세에서 척추 중립과 코어의 힘을 느낀다. 배꼽을 척추 쪽으로 붙이면서 복근의 힘을 유지한다. 척추 만곡이 유지된 상태에서 정수리에서 꼬리뼈까지 늘어나는 것을 느낀다(4-4).

4-1. 척추 안정

| 4-2. 척추 중립 | 4-3. 척추 임프린트 |

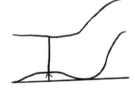 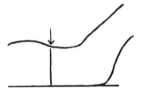

4-4. 네발 자세

*자세와 관련된 생각, 느낌, 특징을 관찰한다.

59

5. 몸통 컬(curl)

몸통 컬은 척추를 늘인 상태에서 둥글게 마는 동작이다. 이때, 복부 깊숙한 부분에 있는 코어 근육이 수축한다. 몸통의 컬(curl) 자세에서 턱관절과 후두하근에 과도한 긴장이 없도록 한다. 턱이 가슴을 넘어가는 느낌으로 턱 아래 공간을 유지한다. 평소 습관적인 목, 어깨, 허리의 긴장은 코어 사용에 방해가 되므로 이완된 상태에서 늘어나는 느낌을 상상하며 수행한다. 코어의 힘이 안정되면 목과 허리에 무리한 압박이 없이 안전하고 효과적으로 수행할 수 있다.

앉은 자세에서 손바닥을 뒤로 짚고 무릎을 세워서 컬 업(curl up) 자세를 만든다. 척추를 하나씩 바닥에 내리며 뒤로 누우면서 코어를 깊이 수축한다. 복부를 수축할수록 척추뼈 사이가 계속해서 늘어나는 느낌으로 수행한다. 폐나 가슴 쪽으로 무리하게 압박하지 않도록 자세를 조절한다. 코어의 힘으로 동작을 해야 어깨와 목이 편해진다(5-1). 몸통을 좌우로 회전시키거나 다리를 들어 올리면 코어를 더 깊게 수축할 수 있다.

누운 상태에서 무릎을 세우고 두 발 사이 간격은 골반 너비 정도로 벌린다. 들숨에 몸통의 후면과 측면을 확장하면서 숨을 가득 채운다. 척추를 둥글게 말면서 폐 속에 모든 공기를 빼낸다. 척추를 늘인 임프린트 자세에서 배꼽을 바닥으로 누르는 힘으로 몸통을 말아 올린다. 몸통 앞쪽이 부풀지 않도록 아래 복부를 수축한 상태로 호흡한다. 호흡과 함께 턱과 연결된 목의 위치를 조절하면서 턱 아래 주먹이 들어갈 정도로 간격을 유지한다. 엉덩이 근육을 사용하지 않고 배꼽 아래 복부 힘을 느낀다(5-2).

등을 대고 누운 자세에서 뒷머리를 바닥에 놓는다. 어깨가 긴장하지 않도록 코어를 수축하면서 다리를 들어 올린다. 척추가 하나씩 움직이도록 천천히 올리고 내리면서 코어에 집중한다. 턱이 목과 가까워지면서 목 뒤가 펴지는 것을 상상한다. 뒤통수, 목, 어깨와 가슴이 안정된 상태에서 다리를 뒤로 넘긴다. 척추가 하나로 연결되는 것을 상상하면서 반동 없이 움직인다(5-3).

　　팔은 몸통의 위치에 따라 조절하고, 목이나 어깨에 통증이 없도록 주의한
다. 척추 컬은 척추 스트레칭, 롤 다운, 롤 업, 롤 오버 등의 동작에 적용된
다. 롤 업이나 롤 다운을 하면서 복부 압력이 척추와 팔, 다리로 뻗어가는
느낌으로 움직인다. 코어를 수축하면서 척추뼈를 하나씩 차례로 움직이도
록 천천히 수행한다.

5-1. 몸통 컬 1	5-2. 몸통 컬 2

5-3. 몸통 컬 3

＊자세와 관련된 생각, 느낌, 특징을 관찰한다.

6. 상지-하지 협응

어깨관절은 쇄골과 견갑골이 맞닿아 있는 관절에 상완골두가 끼워져 있는 형태이다. 자유롭게 움직일 수 있는 헐거운 관절구조라서 긴장을 유발하기 쉬운 곳이다. 일상생활에서 손으로 하는 여러 가지 작업을 하면서 어깨가 긴장하고 등이 굽고 가슴근육이 단축된다. 운동할 때, 목과 어깨 사이는 멀어지고, 쇄골은 옆으로 보내서 어깨가 넓어진다는 상상을 한다. 호흡과 함께 어깨근육의 수축과 이완을 반복하고, 회전하는 동작으로 주변 근육들을 풀어준다.

어깨 긴장을 이완하기 위해 호흡을 들이마시면서 어깨를 귀 쪽으로 가까이 붙이면서 수축한 상태에서 잠시 머물러 있다가 호흡을 한 번에 내쉬면서 어깨를 내리는 동작을 반복한다. 어깨 운동을 할 때는 견갑골의 가동성에 주의하면서 굴곡, 신전, 내전, 외전, 회전 동작을 한다(6-1).

측면으로 누운 자세에서 척추 중립 상태로 코어를 단단히 유지한다. 고관절을 직각으로 구부리고 두 팔을 가슴 앞에 모은다. 위쪽 팔을 뒤쪽으로 돌리면서 시선이 따라간다. 가능한 범위까지 도착한 이후에 호흡을 하면서 뒤쪽으로 넘어간 팔의 손등을 바닥으로 내린다. 이때 배꼽과 골반은 정면을 향하고 목과 어깨의 긴장을 푼다. 팔을 머리 위로 올려서 원을 그리며 돌아오는 방식으로 변형시키면서 어깨관절 움직임을 확장한다. 견갑골이 이완된 상태에서 손끝을 밖으로 당기는 힘을 상상하며 움직인다(6-2).

6-1. 어깨 운동 1

6-2. 어깨 운동 2

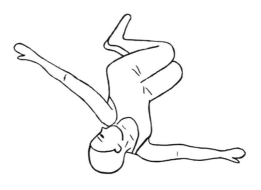

＊자세와 관련된 생각, 느낌, 특징을 관찰한다.

고관절은 골반에 대퇴골두가 끼워져 있는 형태이다. 고관절 주변 근육이 경직되면 허리를 압박하고 코어 사용을 어렵게 한다. 골반의 뒤쪽에 천장관절과 앞쪽의 치골결합 부분의 가동성, 고관절 앞쪽을 지나가는 장요근과 둔근의 기능은 코어 운동에 영향을 준다.

척추를 바닥에 대고 무릎을 세우고 누워서 호흡에 따라 배꼽을 척추 쪽으로 내린다. 엉덩이의 긴장을 풀고 골반을 앞뒤로 기울이는 동작을 반복하면 고관절 이완에 도움이 된다. 좌골과 뒤꿈치를 연결하는 선을 상상하면서 뒤꿈치를 멀리 밀어서 폈다가 가져온다. 다리에 힘을 뺀 상태에서 좌골과 뒤꿈치가 연결된 선을 그리면서 동작을 한다. 세운 무릎을 옆으로 떨어뜨린 후에 밀어서 폈다가 세워서 가져오거나 반대로 길게 밀어서 다리를 편 다음 무릎을 밖으로 돌린 상태로 가져와서 세우는 방법으로 변형한다(6-3). 몸통이 움직이지 않도록 배꼽을 바닥으로 내리면서 고관절을 중심으로 다리를 천천히 움직인다. 고관절이 이완된 상태로 굴곡, 신전, 내외전, 회전 운동을 한다(6-4).

무릎을 세우고 누운 자세에서 고관절을 중심으로 두 무릎을 한쪽 방향으로 내린다(6-5). 이때, 두 발의 간격, 발뒤꿈치와 엉덩이 간격을 변화시켜 움직이면 느낌이 달라진다. 먼저 내려간 쪽 다리의 뒤꿈치로 뒤쪽 무릎을 누르거나, 한쪽 무릎 위에 다른 쪽 발을 올리고 세운 무릎을 몸통으로 당기면서 고관절 주변을 늘인다. 미세하게 방향을 조절하면 자극이 달라진다. 사람에 따라 고관절 주변 근육이 긴장된 위치와 정도가 다르며, 부분적으로 불편한 느낌이 나타날 수 있다. 앉은 자세에서 무릎을 세우고 손을 뒤로 짚은 자세에서 동일한 동작을 수행할 수 있다.

6-3. 고관절 운동 1

6-4. 고관절 운동 2

6-5. 고관절 운동 3

＊자세와 관련된 생각, 느낌, 특징을 관찰한다.

상하지 협응으로 전신을 연결한다. 척추를 바닥에 대고 누운 자세에서 배꼽을 바닥으로 내리면서 척추를 말아 올리고, 다리는 테이블 탑 자세로 들어 올린다. 몸통이 흔들리지 않도록 유지한 상태에서 다리를 한쪽씩 내리고 올리거나, 두 다리를 동시에 내리고 올린다(6-6). 팔을 천장으로 뻗어올린 상태에서 한쪽씩 내리고 올리거나 동시에 내리고 올린다. 팔다리를 동시에 상하, 좌우, 교차로 내리고 올린다. 몸통에서 뻗어나가는 힘으로 사지를 천천히 조절한다. 척추를 바닥에 대고 누워 복부를 납작하게 유지한 상태에서 엉덩이를 들어 올린다. 발바닥을 누르는 힘으로 무릎은 더 멀리 밀어낸다. 몸통을 견고하게 유지한 상태에서 다리를 천천히 올렸다 내린다(6-7).

엎드린 자세에서 손을 이마나 귀 옆에 놓는다. 배꼽을 척추 쪽으로 밀어내면서 호흡을 하면 배꼽 아래 작은 아래 공간이 생긴다. 그다음, 두 손바닥을 귀나 어깨 옆을 짚으면서 정수리를 앞으로 밀어낸다. 배꼽을 척추에 붙이면서 정수리와 발끝을 반대 방향으로 뻗어낸다. 손바닥을 누르며 팔을 펴서 상체를 올린다. 천골을 치골 방향으로 누르며 척추를 올리고 다리를 발끝까지 밀어낸다(6-8). 발끝을 멀리 뻗어서 매트에서 살짝 올린 상태로 작게 물장구치는 동작을 반복한다. 팔을 정수리 방향으로 뻗어서 다리와 함께 수영하는 동작을 한다(6-9).

네발 자세에서 배꼽을 척추 쪽으로 보내면서 척추 중립을 유지한다. 정수리에서 꼬리뼈까지 길게 뻗으며 무릎을 살짝 들어 올려 코어의 힘을 확인한다. 몸통이 흔들리지 않는 상태에서 팔과 다리를 조금씩 들어본다. 몸통이 안정되면 팔다리를 한쪽씩 들거나 길게 뻗는다. 팔다리가 몸통과 연결되어 움직이는 것을 느끼면서 흔들림 없이 수행한다(6-10).

네발 자세에서 다리를 뒤로 밀어내서 플랭크 자세를 만든다. 팔꿈치나 손바닥으로 지탱하고 뒤꿈치를 멀리 보내면서 척추를 뻗는다. 몸통이 고정된 상태에서 팔다리를 살짝 들어 올리고, 좀 더 안정되면 팔다리를 길게 뻗어 올려 균형을 잡는다. 팔다리가 몸통과 연결된 선을 상상하면서 흔들림 없이 수행한다. 몸통을 옆으로 돌리거나, 천장을 향한 자세에서 플랭크를 수행한다. 전신의 균형이 완성되면 푸시 업을 수행한다(6-11).

6-6. 상하체 들기

6-7. 골반 올려서 다리 들기

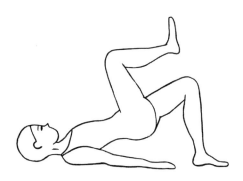

6-8. 척추 뻗어 올리기

6-9. 다리 뻗어 흔들기

6-10. 네발 자세에서 팔다리 들기

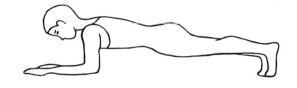

6-11. 플랭크

＊ 자세와 관련된 생각, 느낌, 특징을 관찰한다.

7. 휴식 자세

운동하는 과정에서 적절한 휴식 자세로 불필요한 긴장을 해소한다. 척추를 이완한 상태에서 늘이거나 흔들어 준다. 구조적 휴식 자세, 아기 자세, 송장 자세에서 운동과 반대되는 휴식호흡으로 몸을 풀어준다.

구조적 휴식 자세에서 배꼽을 척추로 내리면서 숨을 쉬면 긴장된 하지와 등 근육을 이완할 수 있다. 세운 무릎 아래 쿠션을 넣으면 고관절과 요추의 긴장이 줄어든다. 호흡을 반복하며 전신을 이완한다(4-1).

누운 자세에서 무릎을 안는다. 경추 상태에 따라 턱을 가슴 쪽으로 당기거나 들어올리는 동작에서 주의가 필요하다. 수건이나 작은 베개를 이용해서 고개를 적절히 조절하여 폐나 가슴 쪽에 너무 무리한 압박을 가하지 않도록 조절한다. 무릎을 당기면서 배꼽을 바닥으로 내리면 척추뼈 사이가 더 늘어난다. 뒤통수를 바닥에 대고, 턱의 긴장을 푼다. 다리를 당기는 손의 위치를 바꾸면서 자극이 오는 부분을 풀어준다(7-1). 두 손으로 발을 잡고 무릎을 살짝 옆으로 벌린 상태에서 당겨주면 기분 좋게 고관절을 이완할 수 있다.

엎드린 자세에서 이마를 바닥에 대고 척추를 이완한다. 팔을 아래로 늘어뜨려서 견갑골과 연결된 어깨를 이완한다. 팔의 위치는 몸통 옆이나 머리 위쪽에 놓는다. 호흡에 따라 배꼽에서 척추 쪽으로 밀어내면 척추가 전차 늘어난다(7-2). 바닥에 정수리를 대고 엉덩이를 들어 올리면서 척추 굴곡을 하거나, 팔을 앞으로 뻗어 앞쪽 목을 바닥에 대고 엉덩이를 올리면서 척추를 신전할 수 있다.

앉은 자세에서 고관절을 밖으로 열고 무릎을 구부려 이완된 자세로 발을 모은다. 척추를 앞으로 굽히고 얼굴을 바닥으로 향하여 내린다. 손은 발 위에 올리고 목과 어깨를 이완한다. 호흡하면서 배꼽을 척추 쪽으로 밀어내면 척추가 점차 늘어난다. 코어 호흡이 깊어지면서 복부의 압력이 척추와 온몸으로 뻗어나간다(7-3). 다리를 앞으로 펴거나, 좌우로 벌리거나 척추 측굴곡을 하면서 척추와 사지 관절을 연결한 스트레칭 동작을 할 수 있다.

　　누운 자세에서 전신에 힘을 빼고 척추를 바닥에 내려놓는다. 팔다리를 뻗어서 완전한 휴식을 한다. 뒤통수를 바닥에 대고, 입을 살짝 열어 턱의 긴장을 푼다. 견갑골을 바닥에 대고 손바닥은 하늘을 향한다. 천골을 바닥에 대고 다리를 이완한다(7-4). 불편함이 느껴지면 머리, 목 뒤, 무릎 뒤에 쿠션을 넣어 긴장을 조절한다. 운동 마지막에 호흡을 의식하지 않고 머리를 비운 상태에서 잠시 깊은 휴식을 한다. 이완된 상태에서 숨을 쉬며 탄생의 초기 상태로 돌아간 듯 내적 고요를 느낀다. 삶 속에 누적된 모든 기억을 비워내고 다 내려놓고 나면 다시 에너지가 차오른다. 온몸에 힘을 풀고 깊은 휴식을 하고 나면 다시 태어난 것처럼 몸과 마음이 가벼워진다.

7-1. 무릎 안기	7-2. 아기 자세

7-3. 휴식 호흡	7-4. 송장 자세

* 자세와 관련된 생각, 느낌, 특징을 관찰한다.

실습노트 1
자세를 바르게 조절하기 위해 기억할 내용을 적어본다.

1. 자세 정렬

2. 흉곽

3. 복부

4. 척추

5. 몸통 컬

6. 사지 협응

7. 휴식 자세

6장
필라테스 동작

필라테스 운동은 호흡과 함께 내적 감각에 집중하면서 미세한 느낌으로 몸을 조절한다. 근육과 정신활동에서 생긴 노폐물이 배출될 수 있도록 호흡을 지속해야 한다. 안정된 자세에서 적절한 강도로 시작하여 반복 횟수를 늘려나간다. 코어의 힘이 사지로 연결되면 편안하고 효율적으로 동작의 흐름을 조절하게 된다.

준비 자세는 무릎을 세우고 바닥에 누운 구조적 휴식자세로 고관절과 허리의 압박을 줄인다. 습관적 긴장에서 벗어나 몸을 초기화시키면 신체 자각이 높아진다. 근육의 긴장 없이 배꼽을 올렸다 내리는 휴식 호흡을 한다. 이때 유도되는 이완은 잠이 들지 않을 정도의 나른한 상태이다. 호흡이 편해지면 내적 감각으로 신체를 느껴본다. 목, 어깨, 허리, 고관절, 다리로 연결되는 부분에 불편한 느낌이 없는지 살핀다. 묶여 있는 듯한 답답한 부분이 느껴진다면 호흡과 함께 그 부분이 이완되는 것을 상상한다. 일상적 삶의 무게를 내려놓고 긴장감을 풀면 보이지 않는 힘의 작용에 민감하게 반응할 수 있다.

척추를 중심으로 몸이 편해지면 운동 호흡으로 몸통을 조인다. 숨을 내쉬면서 늑골을 모아서 치골 방향으로 내리고 배꼽을 척추 쪽으로 보낸다. 이때, 어깨와 목을 편안하게 내린다. 몸통을 조이는 방식으로 호흡을 할 때, 배꼽을 척추 쪽으로 붙이면서 척추뼈 사이가 늘어나는 것을 느낀다. 척추를 늘여서 둥글게 마는 동작으로 폐 속에 모든 공기를 빼내면 반작용으로 공기가 몸속으로 빨려 들어온다. 이 과정을 반복하면 점차 코어의 느낌이 깊어진다. 코어에 대한 자각은 배꼽과 척추, 다리와 엉덩이 근육, 목과 어깨, 손과 발바닥이 연결되고, 손끝과 발끝까지 계속 뻗어나간다. 척추를 뻗어내는 동시에 코어가 활성화되는 감각을 동시에 느낀다.

몸통을 안정시킨 후 팔, 다리 움직임을 연결한다. 어깨와 고관절이 편하게 이완된 상태에서 천천히 움직인다. 팔과 다리를 조정하면서 몸통과 연결된 힘을 느낀다. 어깨관절과 고관절에서 팔꿈치와 무릎 관절이 연결되고, 배꼽을 척추에 붙이는 힘이 손끝과 발끝까지 뻗어나간다. 사지 협응은 상하, 좌우, 교차 단계로 수행한다. 호흡과 함께 내적 반응을 관찰하면서 몸을 조절한다. 처음에는 내적 감각에 집중하면서 느리고 섬세하게 조절한다. 점차 몸의 중심에서 시작되는 에너지를 밖으로 보내면서 리듬감 있는 흐름을 만든다.

인대가 약해진 상태에서는 과도한 스트레칭을 피해야 한다. 고관절에 문제가 있는 경우 렉 서클, 콜크스크루를 할 때 주의한다. 다리를 움직일 때, 허리를 움직이지 않도록 주의하면서 고관절 주변을 자유롭고 균형 있게 움직이도록 조절한다. 척추에 문제가 있는 경우, 척추운동에 더욱 주의를 기울여야 한다. 척추와 골반을 중립 상태로 유지하고, 무릎을 안을 때도 조심스럽게 한다. 요추에 문제가 있는 경우에는 크런치, 헌드레드 동작을 가능한 범위에서 조심스럽게 한다. 통증이 있을 때는 심상으로만 동작을 수행한다.

발꿈치를 낮추는 동작이나(heel lowering), 펠빅 프레스 동작은 척추의 상태를 고려하여 강도를 조절한다. 특히 롤 업, 넥 풀, 스파인 스트레치, 쏘우, 스파인 트위스트 등의 동작을 할 때 주의한다. 척추를 신전하는 동작에서 통증이나 기능적 어려움이 있는 경우 스완 다이브, 싱글 렉 킥, 더블 렉 킥, 락킹 등의 동작에서 주의해야 한다. 상하체 각도를 작게 조절하면서 천천히 시도한다. 롤 오버, 잭나이프, 오픈 렉 라커, 시저, 바이시클, 컨트롤 밸런스, 부메랑 동작 등 머리를 아래로 서는 자세는 심리적 두려움을 느끼게 한다.

혈압이 높거나 눈에 문제가 없다면 동작에 대한 두려움을 극복할 수 있도록 단계적으로 시도한다. 코어를 수축하는 힘으로 다리를 서서히 들어 올리는 시도를 반복한 후 확신이 생겼을 때 머리 뒤로 넘긴다.

1. 헌드레드(The Hundred)

1. 준비 자세
1) 무릎을 세우고 바닥에 눕는다.
2) 양팔은 몸 옆에 내리고 손바닥은 바닥에 놓는다.
3) 호흡을 하면서 배꼽을 척추 쪽으로 내린다.

2. 동작 순서
1) 누운 자세에서 척추를 길게 뻗는다. (들숨)
2) 몸통을 말아 올리고 양팔을 바닥에서 살짝 들어 올린다. (날숨)
3) 팔을 길게 뻗은 상태에서 손바닥 아래 물을 찰랑찰랑 두드린다는 느낌으로 호흡과 함께 작게 움직인다.
4) 들숨과 날숨(각 2, 4, 5번씩)을 1회로 하여 총 10회 반복한다.
5) 다리를 직각으로 올리거나, 대각선 방향으로 뻗은 상태에서 시행한다.

3. 초점
1) 동작을 할 때, 척추가 바닥에서 뜨지 않는다.
2) 복부를 납작한 상태로 유지한다.
3) 시선은 무릎 너머 멀리 바라본다.
4) 목과 어깨 사이는 멀어지고, 턱은 가슴을 넘어간다.
5) 발끝과 손끝을 멀리 뻗는다.

1. 헌드레드(The Hundred)

동작
순서
그리기

동작
지시어

동작
관찰

2. 롤 업(Roll Up)

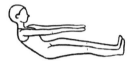

1. 준비 자세

1) 척추를 바닥에 대고 누워, 다리를 뻗는다.

2) 팔은 머리 위로 뻗고 배꼽을 요추로 내린다.

3) 복부를 수축하는 힘으로 손끝과 발끝을 뻗어낸다.

4) 목과 어깨에 긴장이 없도록 자세를 유지한다.

2. 동작 순서

1) 머리 위로 길게 뻗어낸 팔을 매트에서 살짝 든다. (들숨)

2) 팔을 천천히 들어 올리면서, 머리와 함께 몸통을 말아 올린다. (날숨)
   손이 발끝 쪽으로 넘어갈 때까지 올라온다.

3) 말아 올린 자세에서 코어를 수축하는 힘으로 전신을 뻗어낸다. (들숨)

4) 척추뼈를 하나씩 바닥에 내려놓으면서 처음 자세로 되돌아간다. (날숨)
   견갑골이 바닥에 닿으면 팔을 머리 위로 뻗어서 내린다.

3. 초점

1) 배를 납작한 상태로 유지한다.

2) 롤 업과 롤 다운을 할 때 턱 아래 공간을 유지한다.

3) 들숨과 날숨이 끊어지지 않고 이어지도록 한다.

4) 손끝, 발끝 방향으로 밀어내는 힘을 유지한다.

5) 척추뼈 하나씩 매트에서 들어 올리고 내리는 모습을 상상하면서 코어를 깊게
   수축한다.

2. 롤 업(Roll Up)

동작
순서
그리기

동작
지시어

동작
관찰

3. 렉 서클(Leg Circles)

1. 준비 자세
1) 바닥에 등을 대고 누워서 다리를 모은다.
2) 양팔은 몸 옆에 내리고, 손바닥은 바닥에 놓는다.
3) 배꼽을 요추로 내리고 호흡을 한다.

2. 동작 순서
1) 한쪽 다리를 천장으로 뻗어 올린다. (들숨)
2) 다리를 위로 뻗은 상태에서 공중에 원을 그린다. (날숨)
3) 다리가 위로 길어진다고 생각하며 잠시 멈춘다. (들숨) 다시 돌린다. (날숨)
4) 안쪽과 바깥쪽으로 원을 그린다. 한 방향으로 4-5번씩 반복적으로 원을 그린다.
5) 반대쪽 다리로 동일하게 실행한다.

3. 초점
1) 다리를 돌릴 때, 아래쪽 다리가 흔들리지 않도록 뻗어 내린다.
2) 몸통이 흔들리지 않도록 복부를 안정시킨다.
3) 배꼽을 요추로 내리면서 척추를 바닥에 붙인다.
4) 목과 어깨 사이는 길게 유지한다.
5) 다리를 돌릴 때, 손바닥으로 바닥을 누르면서 어깨에 힘을 뺀다.
6) 다리가 그리는 원의 크기는 몸통이 안정되는 범위에서 조절한다.

3. 렉 서클(Leg Circles)

동작
순서
그리기

동작
지시어

동작
관찰

4. 싱글 렉 스트레치(Single Leg Stretch)

1. 준비 자세

1) 척추를 바닥에 대고 눕는다. 다리를 모아서 곧게 뻗는다.

2) 배꼽을 요추 쪽으로 내리고, 척추를 매트에 밀착시켜 몸을 고정한다.

3) 오른쪽 다리를 접어 무릎을 가슴으로 가져가고, 왼쪽 다리는 아래로 길게 뻗어낸다.

4) 왼손으로는 오른쪽 무릎을 잡고 오른손으로 왼쪽 정강이를 잡는다.

5) 왼발을 매트에서 살짝 들어 올리고 발을 길게 뻗는다.

2. 동작 순서

1) 두 다리를 교대로 뻗어낸다.

2) 한쪽 다리를 가슴 쪽으로 당기는 동시에 반대쪽 다리를 멀리 뻗어낸다.

3) 올린 무릎을 구부리거나, 펴거나, 팔꿈치와 대각선으로 만나는 동작으로 변형한다.

4) 발끝은 길게 뻗어내거나, 뒤꿈치를 밀어내는 동작으로 변형한다.

5) 다리를 교차할 때, 들숨과 날숨을 2번씩 교대로 리듬감 있게 시행한다.

6) 양쪽 다리를 교대로 4~8번하는 것을 1세트로 하여 2세트 이상 반복한다.

3. 초점

1) 배꼽을 요추에 붙인다는 생각으로 코어를 단단하게 유지한다.

2) 어깨가 긴장되어 굽어 올라오지 않도록 한다. 팔꿈치는 밖을 향한다.

3) 턱은 가슴을 넘어가고, 시선은 사선 위를 바라본다.

4) 다리를 뻗어낼 때 매트에서 발을 살짝 들어 올리고 몸통을 안정적으로 유지한다.

4. 싱글 렉 스트레치(Single Leg Stretch)

동작
순서
그리기

동작
지시어

동작
관찰

5. 더블 렉 스트레치(Double Leg Stretch)

1. 준비 자세

1) 척추를 바닥에 대고 누워서 몸을 고정한다.

2) 두 다리를 가슴 쪽으로 접어 올려 정강이를 양손으로 잡는다.

3) 턱이 가슴을 넘어가며 중심을 잡는다.

2. 동작 순서

1) 두 다리와 두 팔을 동시에 멀리 뻗는다. (들숨)

2) 위로 뻗은 팔을 양옆으로 돌려서 접어 올린 정강이를 다시 잡는다. (날숨)

3) 2회 이상 반복한다.

3. 초점

1) 두 다리 사이를 붙이고 발끝은 멀리 뻗어낸다.

2) 배를 납작하게 유지한다.

3) 목과 어깨가 긴장하지 않고, 어깨가 굽어 올라오지 않도록 한다.

4) 호흡을 따라 동작 흐름을 진행한다.

5) 팔은 길게 뻗어서 손끝으로 멀리 원을 그린다.

6) 시선은 사선 위쪽을 바라본다.

5. 더블 렉 스트레치(Double Leg Stretch)

동작
순서
그리기

동작
지시어

동작
관찰

6. 롤링 라이커 볼(Rolling like a ball)

1. 준비 자세
1) 매트에 앉아서 두 무릎을 가슴 앞에 끌어안는다. 매트 앞쪽에서 시작한다.
2) 배꼽을 요추 쪽으로 밀어 넣는 느낌으로 호흡한다.
3) 복부 압력이 팽팽하게 유지된 상태에서 척추를 둥글게 말고 중심을 잡는다.

2. 동작 순서
1) 공처럼 둥근 상태로 엉덩이가 매트에서 떨어질 때까지 뒤로 구른다. (들숨)
2) 다리를 감싸 안은 두 팔을 유지하면서 다시 굴러서 처음 자세로 돌아온다. (날숨)
3) 동작을 하는 동안 복부를 조이면서 척추를 둥글게 유지한다.
4) 뒤로 굴러갔다가 앞으로 굴러오는 동작을 리듬감 있게 4회 이상 반복한다.

3. 초점
1) 배를 납작하게 유지한다.
2) 턱을 가슴 쪽으로 숙일 때, 턱 아래 공간을 유지한다.
3) 발뒤꿈치는 엉덩이 쪽으로 붙이고 코어를 단단하게 유지한다.
4) 굴러서 돌아온 자세에서 중심을 유지한다.
5) 공을 굴리듯 척추를 마사지하는 느낌으로 동작을 한다.

6. 롤링 라이커 볼(Rolling like a ball)

동작
순서
그리기

동작
지시어

동작
관찰

7. 스파인 스트레치(Spine Stretch)

1. 준비 자세

1) 두 다리를 벌린 자세로 앉는다.

2) 양쪽 좌골이 바닥에 균등하게 닿도록 내리고 앉는다.

3) 척추를 수직으로 뻗고 팔은 앞으로 내린다.

2. 동작 순서

1) 앉은 자세에서 척추를 수직으로 뻗는 느낌으로 늘인다. (들숨)

2) 척추를 둥글게 말아서 앞으로 숙이면서 발뒤꿈치를 밀어낸다. (날숨)

　 척추는 둥글게 만들 때, 배꼽을 계속 요추 쪽으로 밀어낸다.

　 좌골은 아래로 내리고 몸통을 끌어올리는 느낌으로 한다.

　 최대한 멀리 뻗어냈을 때, 두 무릎 아래는 매트에 닿고 발뒤꿈치는 살짝 올라온다.

3) 척추를 펴면서 처음 자세로 돌아간다. (들숨)

4) 호흡에 집중하며 4회 이상 반복한다.

3. 초점

1) 앞으로 손을 뻗어낼 때, 어깨가 굽어 올라오지 않도록 한다.

2) 배꼽을 요추에 붙인다는 생각으로 척추 사이 간격을 늘인다.

3) 팔을 뻗어내고, 척추는 둥글게 마는 동안 폐에서 모든 공기가 빠져나가도록
　 숨을 내쉰다.

7. 스파인 스트레치(Spine Stretch)

동작
순서
그리기

동작
지시어

동작
관찰

8. 쏘우(The Saw)

1. 준비 자세

1) 두 다리는 어깨보다 넓게 벌리고 척추를 바르게 세워서 앉는다.

2) 좌골에서 발뒤꿈치로 뻗으면서 단단히 고정한다.

3) 꼬리뼈는 바닥으로 내리고, 정수리는 길게 위로 뻗어 올린다.

4) 양옆으로 팔을 펴서 올린다. 손바닥은 아래를 향하고, 손끝을 멀리 보낸다.

2. 동작 순서

1) 정면을 바라보고 척추를 위로 뻗는다. (들숨)

2) 오른손이 왼발을 지나가도록 뻗어내면서 몸통을 회전한다.
   새끼손가락이 발가락 외측으로 미끄러져 지나가도록 한다.
   손날로 톱질하는 것처럼 움직인다. (날숨)

3) 처음의 자세로 돌아온다. (들숨)

4) 반대쪽으로 동작을 반복한다. 좌우 교대로 4회 이상 반복한다.

3. 초점

1) 몸통이 내려갈 때 무릎이 구부러지지 않도록 뻗어낸다.

2) 한 손으로 반대쪽 발을 스치며 멀리 뻗어나갈 때, 폐 속의 공기를 밀어낸다.

3) 팔을 따라 몸통을 돌릴 때, 양쪽 좌골이 매트에서 뜨지 않도록 한다.

4) 본래 자세로 돌아올 때마다 좌골을 바닥으로 내리면서 척추를 세운다.

8. 쏘우(The Saw)

동작
순서
그리기

동작
지시어

동작
관찰

9. 스파인 트위스트(Spine Twist)

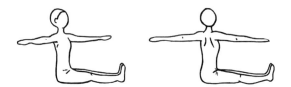

1. 준비 자세

1) 두 다리는 모으고 척추를 곧게 펴고 앉는다.

2) 좌골에서 발뒤꿈치로 뻗으며 몸을 단단히 고정한다.

3) 꼬리뼈는 바닥으로 내리고, 정수리는 길게 위로 뻗어 올린다.

4) 팔을 양옆으로 뻗고 손끝을 멀리 보낸다.

2. 동작 순서

1) 정면을 바라보고 척추를 위로 뻗는다. (들숨)

2) 오른쪽으로 몸통을 돌린다. (날숨) 돌아가는 쪽으로 2번씩 바운스한다.
   몸을 돌릴 때, 척추를 중심으로 양팔이 균형을 이룬다.

3) 원래의 자세로 다시 돌아온다. (들숨)

4) 반대쪽으로도 돌린다. (날숨)

5) 좌우 교대로 4회 이상 반복한다.

3. 초점

1) 배꼽을 요추로 붙이면서 척추를 길게 늘인다.

2) 가슴을 앞으로 내밀거나 어깨를 구부리지 않는다.

3) 몸통을 돌릴 때, 한쪽으로 기울지 않는다.

9. 스파인 트위스트(Spine Twist)

동작
순서
그리기

동작
지시어

동작
관찰

10. 넥 풀(Neck Pull)

1. 준비 자세

1) 척추를 바닥에 대고 눕는다. 양손은 뒤통수에 대고 팔꿈치는 매트 위에 놓는다.

2) 배꼽을 요추로 내리고 척추를 길게 늘여서 매트에 밀착한다.

3) 다리를 골반너비로 벌려 매트 위에 놓고, 발뒤꿈치를 밀어낸다.

2. 동작 순서

1) 누운 자세에서 정수리에서 발뒤꿈치까지 뻗어낸다. (들숨)

2) 턱이 가슴을 넘어가면서 말아서 올라온다. 척추를 하나씩 연속적으로 말아서 올릴 때, 배꼽을 요추 쪽으로 밀어낸다. (날숨)

3) 둥글게 말았던 척추를 편 자세로 앉는다. 척추 아래부터 정수리까지 연결된 선을 상상하면서 좌골은 바닥으로 내리고 정수리는 뻗어 올린다. (들숨)

4) 척추를 하나씩 매트에 내려놓으며 뒤로 눕는다. 이때 좌골에서 뒤꿈치로 뻗어나가는 힘으로 하체를 단단히 고정한다. 정수리와 발뒤꿈치를 반대 방향으로 밀어낸다. (날숨)

5) 말아서 올리고 내릴 때, 중심을 더 단단하게 느낄수록 동작이 편해진다. 2회 이상 반복한다.

3. 초점

1) 어깨와 목 사이를 멀리한다.

2) 팔꿈치가 앞으로 기울면서 어깨가 긴장하지 않도록 주의한다.

3) 배꼽을 척추에 가깝게 붙이고, 골반 아래 힘이 배꼽 방향으로 올라오는 것을 느낀다.

4) 반동으로 일어나거나 순간적으로 복부에 힘을 주는 것이 아니라 연속적으로 움직인다.

10. 넥 풀(Neck Pull)

동작
순서
그리기

동작
지시어

동작
관찰

11. 콜크스크루(Corkscrew)

1. 준비 자세
1) 척추를 바닥에 대고 눕는다. 양팔은 몸 옆에 내린다.
2) 다리는 곧게 뻗고 발끝은 멀리 밀어낸다.

2. 동작 순서
1) 두 다리를 붙여서 위로 뻗는다. (들숨)
2) 고관절을 중심으로 원을 그린다. 이때 몸통이 흔들리지 않도록 배꼽을 척추에 붙인다. (날숨)
3) 두 다리를 붙여서 동시에 위로 뻗는다. (들숨)
4) 반대쪽으로 다리를 돌리는 동작을 반복한다. (날숨)
5) 몸통이 안정되면 다리로 그리는 원을 크게 한다. 한 방향으로 4번 이상 반복한다.

3. 초점
1) 두 무릎 사이에 끼운 종이가 빠지지 않도록 붙인다고 상상한다.
2) 배꼽을 척추로 내리는 힘으로 몸통을 고정한다.
3) 다리를 돌릴 때 목과 어깨가 긴장하지 않는다.

11. 콜크스크루(Corkscrew)

동작
순서
그리기

동작
지시어

동작
관찰

12. 롤 오버(Roll Over)

1. 준비 자세
1) 척추를 바닥에 대고 눕는다. 양팔은 몸 옆에 내린다.
2) 두 다리는 직각으로 뻗어 올리고 발끝은 멀리 밀어낸다.

2. 동작 순서
1) 직각으로 들어 올린 두 다리를 대각선 아래로 내린다. (들숨)
2) 배꼽을 척추에 붙이며 다리를 머리 쪽으로 넘긴다. 엉덩이를 들어 올리면서 발끝을 밀어낸다. 무게가 어깨와 뒤통수에 실릴 때까지 척추를 말아서 뒤로 넘긴다. 발끝을 머리보다 멀리 보내면서 몸의 중심을 단단하게 유지한다. (날숨)
3) 두 발을 어깨너비로 벌리면서 발끝은 멀리 밀어낸다. (들숨)
4) 발끝을 뻗어내면서 척추를 굴려 내려온다. 척추를 하나씩 매트에 내려놓는다. (날숨)
5) 발끝이 대각선 아래로 내려오면 자연스럽게 모은다. (들숨)
* 다리를 넘길 때 척추에 아치가 생기거나 허리 통증이 있으면 멈춘다.

3. 초점
1) 배꼽을 척추로 내려서 배를 납작하게 유지한다.
2) 손바닥으로 바닥에 누르고 목과 어깨는 긴장하지 않는다.
4) 다리를 뒤로 보내거나 내려올 때, 다리를 몸통에 가깝게 유지한다.
5) 두 다리를 모을 때, 무릎 사이에 종이가 있다고 상상한다.
6) 목이 꺾일 만큼 너무 멀리 넘기지 않는다.

12. 롤 오버(Roll Over)

동작
순서
그리기

동작
지시어

동작
관찰

13. 오픈 렉 라커(Open Leg Rocker)

1. 준비 자세
1) 매트에 앉아서 양쪽 무릎을 굽혀 좌골 가까이 놓는다.
2) 양손으로 양쪽 정강이를 잡고 몸통의 중심을 잡는다.
3) 좌골을 바닥에 내리고 양팔을 펴면서 다리를 뻗어 올린다.

2. 동작 순서
1) 척추를 따라 뒤로 구른다. 무게가 어깨와 뒤통수에 실리도록 뒤로 부드럽게
   굴러간다. 두 팔과 다리를 편 상태를 유지한다. (들숨)
2) 다시 앞으로 굴러와서 자세를 유지하며 균형을 잡고 잠시 멈춘다. (날숨)
3) 동작을 4회 이상 반복한다.

3. 초점
1) 몸의 중심을 단단히 유지한다.
2) 두 팔과 두 다리를 곧게 편다.
3) 몸의 불균형을 드러나는 동작이므로, 뒤로 굴러갔다가 다시 돌아올 때 몸이
   한쪽으로 기울지 않는지 관찰한다.
4) 완전히 뒤로 넘어갔다가 다시 돌아오기가 어렵다면, 작은 범위에서 시도해 본다.

13. 오픈 렉 라커(Open Leg Rocker)

동작
순서
그리기

동작
지시어

동작
관찰

14. 스완 다이브(Swan Dive)

1. 준비 자세

1) 복부를 바닥에 대고 엎드린다. 배꼽 아래 작은 공간을 느끼며 정수리에서 발끝까지 뻗는다.
2) 두 손바닥은 어깨 옆에 매트를 짚는다.
3) 천골을 치골 쪽으로 내리면서 몸통을 뻗는다.

2. 동작 순서

스완 다이브 1   1) 엎드린 상태에서 몸을 길게 뻗는다. (들숨)
        2) 정수리를 밀어내면서 상체를 들어 올린다. (날숨)
        3) 몸통을 앞으로 굴린다. 정수리에서 발끝까지 뻗어낸다. (들숨)
        4) 가슴까지 바닥에 닿으면 손바닥으로 매트를 누르면서 다시 원래의 자세로 돌아온다. (날숨)

스완 다이브 2   1) 엎드린 상태에서 몸을 길게 뻗는다. (들숨)
        2) 정수리를 밀어내면서 상체를 들어 올린다. (날숨)
        3) 팔을 귀 옆으로 뻗으면서 몸통을 앞으로 굴린다. (들숨)
        4) 가슴까지 바닥에 닿으면, 팔을 뻗은 상태에서 반대로 굴러서 몸통을 들어 올린다. (날숨)

3. 초점

1) 복부와 엉덩이를 조인다.
2) 허리가 꺾이거나 가슴이 지나치게 나오지 않도록 한다.
3) 어깨가 올라오지 않도록 목과 어깨 사이를 길게 유지한다.
4) 정수리와 다리를 반대 방향으로 팽팽하게 뻗어낸다.
5) 상체를 올리고 내릴 때, 코어의 힘을 유지하여 균형을 잡는다.

14. 스완 다이브(Swan Dive)

동작
순서
그리기

동작
지시어

동작
관찰

15. 싱글 렉 킥(Single Leg Kick)

1. 준비 자세

1) 복부를 매트에 대고 엎드린다. 다리는 곧게 뻗고 발끝은 멀리 밀어낸다.
2) 팔꿈치를 어깨 바로 아래의 매트에 놓는다.
3) 두 손을 포개어 앞쪽에 놓는다.
4) 마주 잡은 손에서 몸통 중심을 지나 양발 사이까지 중심선을 모은다.
5) 천골을 치골 방향으로 누르는 힘으로 몸통을 뻗어 올린다.

2. 동작 순서

1) 오른쪽 발을 접으면서 빠르게 엉덩이 쪽으로 2번 찬다. (들숨)
2) 오른쪽 다리를 펴서 매트에 내려놓는다. 이때 다리를 멀리 뻗어낸다. (날숨)
3) 왼쪽 발을 접으면서 빠르게 엉덩이 쪽으로 2번 찬다. (들숨)
   다시 뻗어서 내려놓는다. (날숨)
4) 한쪽 다리를 두 번씩 차는 동작을 교대로 실시한다. 양쪽 교대로 4회 이상 반복한다.
5) 들숨과 함께 한 다리를 빠르게 차고 날숨과 함께 뻗는 동작을 리듬감 있게 진행한다.
6) 차는 동작은 빠르고 강하게, 내리는 동작은 여유 있게 천천히 누르는 힘으로 조절한다.

3. 초점

1) 몸통이 흔들리지 않도록 코어 힘을 유지한다.
2) 늑골을 모아서 내리고 배꼽을 척추로 보내는 힘을 유지한다.
3) 차는 동작의 리듬을 빠르고 분명하게 한다.
4) 한쪽 다리를 차는 동안 반대쪽 다리는 바닥을 누르는 힘으로 몸통을 고정한다.
5) 정수리를 멀리 뻗어내고 목과 턱의 긴장을 푼다.

15. 싱글 렉 킥(Single Leg Kick)

동작
순서
그리기

동작
지시어

동작
관찰

16. 더블 렉 킥(Double Leg Kick)

1. 준비 자세

1) 복부를 매트에 대고 엎드린 상태에서 고개를 돌려 오른쪽 뺨을 매트에 댄다.
   두 다리는 모으고 발끝은 멀리 밀어낸다.

2) 두 손을 등 뒤에 올려서 마주 잡는다.

3) 팔꿈치를 매트 쪽으로 내린다.

2. 동작 순서

1) 무릎을 굽혀 발로 엉덩이를 3번씩 찬다. 무릎과 발을 모은 상태로 찬다. (날숨)

2) 두 손을 등 뒤로 멀리 뻗어내면서 두 다리를 발끝까지 뻗는다. (들숨)
   어깨를 열고 견갑골 사이를 조이는 느낌으로 몸을 길게 뻗으면서 잠시 멈춘다.

3) 반대쪽 뺨을 매트에 내려놓으며 동작을 반복한다.

4) 좌우 교대로 4회 이상 반복한다.

3. 초점

1) 다리를 찰 때 팔꿈치를 낮게 유지한다.

2) 차는 동작을 강하고 빠르게 하면서 몸이 흔들리지 않게 유지한다.

3) 발뒤꿈치가 엉덩이에 닿도록 차올린다.

4) 손가락을 깍지를 끼지 말고, 한 손으로 다른 손을 잡는다.

16. 더블 렉 킥(Double Leg Kick)

동작
순서
그리기

동작
지시어

동작
관찰

17. 렉 풀 프론트(Leg Pull Front)

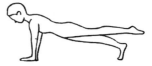

1. 준비 자세

1) 플랭크 자세로 손가락을 펴서 어깨 아래에 놓는다.

2) 손바닥과 발바닥을 밀어내는 힘으로 몸통을 안정적으로 유지한다.

3) 정수리에서 발뒤꿈치까지 일직선으로 길게 뻗는다.

4) 배꼽은 척추에 붙이고 몸통 앞뒤 균형을 맞춘다.

2. 동작 순서

1) 오른쪽 다리를 뒤로 뻗으며 발끝을 밀어낸다. (날숨)

2) 오른쪽 다리를 내리면서 제자리로 돌아온다. (들숨)

3) 다리를 교대로 4회 이상 반복한다.

3. 초점

1) 다리를 움직일 때, 엉덩이가 내려가거나 올라오지 않는다.

2) 정수리에서 뒤꿈치까지 일직선을 유지한다.

3) 다리를 들어 올릴 때 골반균형을 유지한다.

4) 지탱하는 발의 뒤꿈치는 밀어내고 움직이는 다리는 멀리 뻗는다.

5) 지탱하는 두 팔의 과신전을 주의하면서 겨드랑이를 약간 조인다.

17. 렉 풀 프론트(Leg Pull Front)

**동작
순서
그리기**

**동작
지시어**

**동작
관찰**

18. 렉 풀(Leg Pull)

1. 준비 자세

1) 정면을 바라보고 손바닥을 바닥에 놓는다. 두 다리는 모아서 곧게 편다.

2) 엉덩이를 매트에서 들어 올린다. 다리 사이를 조이고 손바닥과 발바닥으로 바닥을 누른다.

3) 정수리에서부터 발끝까지가 일직선을 유지한다.

4) 시선은 멀리 바라보고 배꼽을 요추에 붙이면서 척추를 길게 뻗어 중심을 잡는다.

2. 동작 순서

1) 몸통을 고정한 상태에서 오른쪽 다리를 차올린다. (들숨)

2) 다리를 내리면서 발뒤꿈치를 밀어낸다. (날숨)

　중심을 단단히 잡고 엉덩이를 들어 올린 상태를 유지한다.

3) 발이 매트에 가까워지면 다시 차올리면서 발끝을 길게 뻗는다.

4) 한쪽 다리를 2번 이상 차고, 반대쪽 다리도 반복한다.

3. 초점

1) 중심축의 힘으로 다리를 길게 뻗어내고 몸통이 흔들리지 않도록 한다.

2) 고개가 어깨 사이로 가라앉지 않도록 두 팔은 곧게 뻗어 등 쪽을 받쳐준다.

3) 엉덩이가 바닥으로 내려가지 않도록 단단히 조여서 올린다.

4) 지탱하는 쪽 발바닥을 견고하게 누르고 움직이는 다리를 힘차게 뻗어 올린다.

18. 렉 풀(Leg Pull)

동작
순서
그리기

동작
지시어

동작
관찰

19. 사이드 킥(Side Kick)

1. 준비 자세

1) 한쪽 어깨 아래 팔꿈치를 놓고 몸통을 세운다. 반대쪽 손은 몸통 앞에 내려놓는다.
2) 정수리에서 뒤꿈치까지 밀어내며 몸통을 안정되게 유지한다.
3) 몸통의 균형을 잡기 어려우면 발의 위치를 조금 앞쪽으로 이동하면서 중심을 잡는다.
4) 골반은 균형을 맞춘다.

2. 동작 순서

1) 두 다리를 곧게 뻗은 상태에서 위쪽 다리를 앞으로 2번씩 바운스를 하며 뻗어낸다. (들숨)
2) 발을 뒤로 2번씩 바운스를 하며 뻗는다. (날숨) 앞뒤로 4회 이상 반복한다.
3) 다리를 가능한 범위까지 다리를 차올린다. (들숨)
4) 차올린 다리가 제자리로 돌아오면 무릎을 접어서 같은 쪽 손으로 발을 잡는다.
5) 접었던 다리를 뒤쪽으로 멀리 뻗어내면서 잡았던 팔을 앞으로 뻗는다. (날숨) 2번 이상 반복하고 나서, 반대쪽도 같은 방법으로 한다.

3. 초점

1) 아래쪽 다리를 단단하게 고정하고, 움직이는 다리는 길게 뻗는다.
2) 배꼽을 요추에 붙이면서 중심을 단단히 한다.
3) 골반이 기울어지지 않도록 한다.

19. 사이드 킥(Side Kick)

동작
순서
그리기

동작
지시어

동작
관찰

20. 펠빅 프레스(Pelvic Press)

1. 준비 자세
1) 무릎을 세우고, 척추를 대고 눕는다.
2) 발바닥으로 매트로 누른다.
3) 배꼽을 척추 쪽으로 내린다.

2. 동작 순서
1) 척추를 위아래로 길게 늘인다. (들숨)
2) 발바닥 전체로 매트를 누르는 힘으로 골반을 들어 올린다. 무릎 방향으로 멀리 밀어내며 몸통을 사선으로 펴서 올린다. (날숨)
3) 들어올린 엉덩이를 단단하게 조이면서 척추를 길게 늘인다. (들숨)
4) 척추 윗부분부터 하나씩 바닥에 내려놓으며 처음의 누운 상태로 돌아온다. (날숨)

3. 초점
1) 골반을 매트에서 들어 올리고 무릎 방향으로 길게 뻗어낸다.
2) 골반을 들어 올린 상태에서 좌골 사이가 가까워지는 느낌으로 조인다.
3) 몸통을 올리고 내릴 때, 척추를 하나씩 분절하여 움직인다.
4) 뒤통수, 어깨, 손바닥, 발바닥으로 매트를 단단히 고정한다.
5) 무릎과 발의 간격을 맞춘 상태로 동작을 한다.

20. 펠빅 프레스(Pelvic Press)

동작
순서
그리기

동작
지시어

동작
관찰

21. 숄더 브릿지(Shoulder Bridge)

1. 준비 자세

1) 무릎을 세우고, 바닥에 눕는다.

2) 발바닥으로 매트로 누른다.

3) 엉덩이를 매트에서 들어 올리고 양손으로 골반 아래를 받친다.

4) 어깨부터 팔꿈치까지 매트를 누른다.

2. 동작 순서

1) 오른쪽 다리를 올릴 수 있는 만큼 높이 찬다. 발끝은 멀리 뻗는다. (들숨)

2) 차올린 다리를 내리면서 발뒤꿈치는 멀리 밀어낸다. (날숨)

3) 한쪽 다리를 2번 이상 차고 나서 발을 내려서 원래 자세로 돌아온다.

4) 반대쪽 다리도 동일하게 수행한다.

3. 초점

1) 골반을 들어 올려 무릎 방향으로 길게 뻗어낸다.

2) 골반을 들어 올린 상태에서 좌골 사이가 가까워지는 느낌으로 조인다.

3) 차올리고 내리는 다리의 발끝과 뒤꿈치를 밀어낸다.

4) 지탱하는 다리의 발바닥을 단단히 유지한다.

21. 숄더 브릿지(Shoulder Bridge)

동작
순서
그리기

동작
지시어

동작
관찰

22. 잭나이프(Jackknife)

1. 준비 자세

1) 척추를 바닥에 대고 눕는다. 두 손은 양옆에 내리고 손바닥으로 바닥을 누른다.
2) 배꼽을 요추에 붙이면서 척추를 길게 늘인다.
3) 두 다리를 모아서 몸통과 직각으로 올린다.

2. 동작 순서

1) 다리를 사선 아래로 내린다. (들숨)
2) 다리를 머리 방향으로 넘긴다. 뒤로 넘긴 다리를 위로 올린다.
   어깨와 뒤통수에 무게가 실리도록 다리를 들어 올린다. (날숨)
3) 다리를 뒤로 기울인다. (들숨)
4) 척추뼈를 하나씩 차례로 굴려 매트에 내려놓는다. (날숨)
5) 2회 이상 반복한다.

3. 초점

1) 두 다리가 자연스럽게 '잭나이프' 모양으로 움직인다.
2) 다리가 뒤로 갑자기 넘어가거나 매트로 갑자기 떨어지지 않도록 한다.
3) 조심스럽게 척추 분절운동을 할 수 있도록 집중한다.
4) 복부를 납작하게 유지하고, 목과 어깨에 지나친 압박이 없도록 주의한다.

22. 잭나이프(Jackknife)

동작
순서
그리기

동작
지시어

동작
관찰

119

23. 티저 (Teaser)

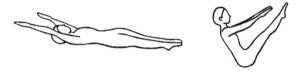

1. 준비 자세
1) 척추를 매트에 대고 눕는다. 두 다리는 모아 곧게 뻗으며 발가락은 길게 밀어낸다.
2) 두 팔을 귀 옆으로 뻗어 올린다.

2. 동작 순서
1) 매트에 누운 자세에서 손끝에서 발끝까지 전신을 늘린다. (들숨)
2) 상체와 하체를 한 번에 들어 올리면서 팔과 다리를 사선 앞쪽으로 뻗는다. (날숨)
3) 척추 아래 꼬리뼈가 매트에 닿고, 몸통과 다리가 V자 상태에서 길게 늘인다. (들숨)
4) 매트 위에 곧게 뻗은 몸을 원래의 자세로 내려놓는다. 두 다리와 상체가 매트에 동시에 닿을 수 있도록 몸통의 힘을 조절한다. (날숨)
5) 접어 올린 몸을 내리기 전에 팔꿈치가 귀 옆에 올 때까지 두 팔을 위로 뻗은 후, 몸통의 힘을 조절하면서 매트로 내려온다. 2회 이상 반복한다.

3. 초점
1) 배꼽을 요추에 붙이면서 척추를 길게 늘인다.
2) 코어에서 전신으로 에너지를 보내면서 손끝과 발끝을 길게 밀어낸다.

23. 티저(Teaser)

동작
순서
그리기

동작
지시어

동작
관찰

24. 힙 서클(Hip Circles)

1. 준비 자세

1) 몸을 뒤로 기댄 상태에서, 팔을 몸 뒤에 내리고 손바닥으로 매트를 짚고 앉는다.

2) 손바닥과 꼬리뼈로 몸을 받쳐서 중심을 잡는다.

3) 무릎을 굽혀 가슴 쪽으로 가져와서 대각선으로 앞으로 다리를 뻗는다.

4) 상체와 들어 올린 다리 각도를 유지한다.

5) 다리 사이를 모으고, 발끝은 길게 뻗어낸다.

2. 동작 순서

1) 다리를 올린 상태로 길게 뻗어낸다. (들숨)

2) 두 다리를 모은 상태에서 동시에 원으로 돌린다. (날숨)

　　오른쪽으로 내려가서 발이 매트에 가깝게 내렸다가 다시 왼쪽으로 올라온다.

3) 다리를 올린 상태로 길게 뻗어낸다. (들숨)

4) 반대 방향으로 다리를 돌린다. (날숨) 4회 이상 반복한다.

3. 초점

1) 배꼽을 요추에 붙이는 힘으로 척추를 길게 늘인다.

2) 다리 사이를 모으고, 무릎은 펴고, 발가락은 멀리 밀어낸다.

3) 다리를 돌릴 때, 골반 위에 세워진 척추를 안정적으로 유지한다.

4) 목이 어깨 사이로 내려가지 않도록 길게 뻗는다.

24. 힙 서클(Hip Circles)

동작
순서
그리기

동작
지시어

동작
관찰

25. 트위스트(Twist)

1. 준비 자세

1) 정면을 향한 상태에서 오른쪽 골반에 몸을 기대어 앉는다.
2) 오른쪽 손바닥으로 바닥을 짚는다. 팔은 편 상태를 유지한다.
3) 오른발을 왼발의 뒤에 놓고 발등을 왼발의 뒤꿈치에 가깝게 모은다.
4) 왼손은 자연스럽게 내려놓는다.

2. 동작 순서

1) 정면을 바라본 상태에서 골반을 위로 들어 올린다. 동시에 왼손을 위로 길게 뻗어
   올린다. (들숨)
2) 다리 사이가 밀착되어 몸통을 받쳐주고 정수리에서 발바닥까지 밀어내는 힘을 유지
   한다.
3) 단단한 중심을 유지한 상태에서 몸통을 매트 쪽을 향해 돌린다. 이때 팔은 아래로
   내리고 엉덩이는 위로 올린다. (날숨)
4) 바닥을 향한 몸통을 다시 정면으로 돌리면서 골반을 들어 올린 상태에서 팔을 위로
   뻗는다. (들숨)
5) 뻗은 팔과 골반을 내리면서 처음 자세로 돌아온다. (날숨)
   한 방향으로 2회 이상 실행한 후 반대쪽으로 반복한다.

3. 초점

1) 골반을 들어 올리고 돌릴 때, 흐름이 이어지도록 움직인다.
2) 몸통을 따라 팔다리가 자연스럽게 움직인다.
3) 전신의 균형이 유지되도록 손과 발을 안정적으로 지탱한다.
4) 몸통균형을 조절하는 능력이 많이 요구되는 동작이다. 통제 가능한 범위를
   넘어가서 균형을 잃지 않도록 주의한다.

25. 트위스트(Twist)

동작
순서
그리기

동작
지시어

동작
관찰

26. 로윙 (Rowing)

1. 준비 자세

1) 매트에 앉아서 두 다리는 모으고 발은 밀어낸다.

2) 좌골을 바닥으로 내리고 척추를 세운다.

3) 좌골에서 뒤꿈치까지가 매트에 고정된 힘을 느낀다.

4) 팔꿈치를 가슴 앞으로 모아서 올리고 손바닥은 얼굴 쪽을 향한다.

2. 동작 순서

1) 팔을 가슴 앞으로 모은 상태에서 척추를 뻗어낸다. (들숨)

2) 요추가 바닥에 닿는 위치까지 뒤로 눕는다. (날숨)

3) 다시 위로 척추를 세워 앉으면서 두 팔을 위로 뻗어 올린다. (들숨)

4) 두 팔을 밖으로 돌려 등 뒤에서 손을 맞잡고 몸통을 숙인다.

   잡은 두 손을 최대로 당겨 올렸다가 풀어서 앞으로 보낸다. (날숨)

5) 처음 자세로 돌아와서 척추를 펴고 앉는다.

6) 동작을 2번 이상 반복한다.

3. 초점

1) 배꼽을 척추에 붙이고 척추를 길게 뻗는다.

2) 두 다리를 모아 곧게 펴고 발을 밀어내면서 하체를 단단히 유지한다.

3) 양팔을 길게 뻗어내고, 팔을 돌릴 때는 어깨관절 가동범위 안에서 원을 크게 그린다.

26. 로윙 (Rowing)

동작
순서
그리기

동작
지시어

동작
관찰

27. 부메랑(Boomerang)

1. 준비 자세

1) 매트에 앉아서 두 손을 양옆에 내린다.

2) 한쪽 발을 왼쪽 발 위에 올려놓는다. 다리는 곧게 펴고 발가락을 길게 뻗는다.

3) 척추를 곧게 세운다.

2. 동작 순서

1) 곧게 앉은 자세에서 몸통을 위아래로 뻗어낸다. (들숨)

2) 척추를 따라 뒤로 굴러 어깨, 목, 뒤통수에 기댄다. 팔은 다리와 반대 방향으로 뻗는다. 교차한 두 다리는 몸통을 따라 뒤를 향해 멀리 뻗어낸다. 뻗어낸 다리를 빠르게 반대로 교차한다. (날숨)

3) 척추를 굴려서 돌아와 세우고 두 손을 등 뒤에서 마주 잡고 멀리 뻗어낸다. 다리를 사선으로 뻗어 올린 상태에서 동작을 잠시 멈추고 중심을 잡는다. (들숨)

4) 몸통을 앞으로 숙이면서 머리가 다리에 닿도록 내린다. 발끝을 뻗어내고, 팔은 등 뒤에서 높이 들어 올렸다가 풀어서 처음 자세로 돌아온다. (들숨)
   2회 이상 반복한다.

3. 초점

1) 배꼽을 요추에 붙이고 척추를 길게 뻗는다.

2) 상하체 균형이 유지될 수 있도록 팔, 다리를 길게 뻗어낸다.

3) 구르는 동작에서 균형 잡힌 자세로 멈출 수 있도록 몸통의 힘을 조절한다.

27. 부메랑 (Boomerang)

동작
순서
그리기

동작
지시어

동작
관찰

실습노트 2

동작을 순서대로 상상하며 운동한다.

1	**헌드레드** (The Hundred)
2	**롤 업** (Roll up)
3	**렉 서클** (Leg Circles)
4	**싱글 렉 스트레치** (Single Leg Stretch)
5	**더블 렉 스트레치** (Double Leg Stretch)
6	**롤링 라이커 볼** (Rolling like a Ball)
7	**스파인 스트레치** (Spine Stretch)
8	**쏘우** (The Saw)
9	**스파인 트위스트** (Spine Twist)
10	**넥 풀** (Neck Pull)
11	**콜크스크루** (Corkscrew)
12	**롤 오버** (Roll Over)
13	**오픈 렉 라커** (Open Leg Rocker)
14	**스완 다이브** (Swan Dive)
15	**싱글 렉 킥** (Single Leg Kick)
16	**더블 렉 킥** (Double Leg Kick)
17	**렉 풀 프론트** (Leg Pull Front)
18	**렉 풀** (Leg Pull)
19	**사이드 킥** (Side Kick)
20	**펠빅 프레스** (Pelvic Press)
21	**숄더 브릿지** (Shoulder Bridge)
22	**잭나이프** (Jackknife)
23	**티저** (Teaser)
24	**힙 서클** (Hip Circles)
25	**트위스트** (Twist)
26	**로윙** (Rowing)
27	**부메랑** (Boomerang)

실습노트 3

동작 순서를 적고 주의사항을 적어본다.

1

2

3

4

5

6

7

8

9

10

11

12

13

14

15

16

17

18

19

20

21

22

23

24

25

26

27

색인

참고문헌

고흥환·김기웅·장국진(1995), 『운동행동의 심리학』, 서울: 보경문화사.

나경아(2017), 「무용전공생들의 웰니스 현황 연구」, 『한국예술연구』, 서울: 한국예술
연구소.

나경아(2019), 「춤 건강과 예술적 소통」(국제학술심포지움 자료집), 서울: 한국예술
종합학교 무용원 이론과.

나경아(2021), 「무용건강(Dance Wellness)에 관한 교육적 관점에서의 고찰」, 『무용
과 이론』, 서울: 학술교육연구원.

나경아(2022), 「운동학습의 관점에서 필라테스 학습에 관한 사례연구」, 『무용과 이
론』, 서울: 학술교육연구원.

다이안 디펜더퍼(2013), 「무용학을 위한 필라테스: 무용수 건강을 위한 과학」(국제학
술심포지움 자료집), 서울: 한국예술종합학교 무용원 이론과.

다이안 디펜더퍼·로라 핸른(2021), 「무용연구 특화 필라테스, 춤 건강 그리고 필라테
스」(국제학술대회 자료집), 서울: 한국예술종합학교 무용원 이론과.

다이안 스튜디오, http://www.studioducorps.com/staff.php

Barrenieff, I.(1980), Body Movement, NY: Gordon and Breach Science.

Bemstein, C. A.(1967). *The coordination and regulation of movements*. London:
Pergamon Press.

Cardinal, M. et al.(1996), Dance wellness program curricular model for higher
education. Medical problems of performing artists.

Cardinal, M. et al.(2018), Perceptions and barriers of dancer wellness-related
curricular in American higher Edu. Dance programs, PAMA(performing arts
medicine association) International symposium. http://www.artsmed.org/

Chaiklin, Sharon & Wengrower, Hilda(Ed).(2006), The Art and Science of
Dance/Movement Therapy: Life is Dance. Routledge, NY.

Clark, T., Gupta, A. & Ho, Chester H.(2014), Developing a dancer wellness program employing developmental evaluation, Frontiers in Psychology, 5.

Clarkson. P.M. & Skrinar, M.(1988), Science of Dance Training, Human Kinerics.

Diefenderfer, D. H.(2014), Healing arts: Movement in the form of pilates. In E. Olshansky(Ed), 246-261, Philadelphia, PA, USA., Lippincott Williams &Wilkins.

Diefenderfer, D. L., Diane & Susan on Ron Fletcher, http://www.pilatesanytime. com(interview), Santa Barbara, CA (file #11a)

Diefenderfer, D. L.(2014), Pilates mat class, Santa Barbara, CA: Pilates Anytime, www. pilatesanytime.com/ (File #11c)

Diefenderfer, D. L.(2014), Reformer Workout, Santa Barbara, CA: Pilates Anytime, www. pilatesanytime.com/ (File #11b)

Diefenderfer, D. L.(2011), "Then and now, 25years of teaching pilates", Balanced Body(annual catalog).

Fitts, P. M. & Posner, M. L.(1967), *Human performance*. Belmont, CA: Brooks/ Cole.

Franklin, Eric.(1996), Dynamic alignment through imagery, Human kinetics, Champaign IL.

Franklin, Eric.(2002), Pelvic Power: Mind/Body Exercises for Strength, Flexibility, Posture, and Balance for Men and Women, Prinston book Co., NJ.

Franklin, Eric.(2002), Relax Your Neck, Liberate Your Shoulders: The Ultimate Exercise Program for Tension Relief, Prinston book Co., NJ.

Friedman, Philip & Eisen, Gail(1980), *The Pilates Method of Physical and Mental Conditioning*. Doubleday & Co., NY.

Gentile, A. M.(1972), A working model of skill acquisition with application to teaching. *Quest, Monograph, 17,* 3-23.

Herman, Ellie, Ellie Herman's Pilates Mat, Ellie Herman books, NY, 2007.

Magill, R. A.(2001), *Motor Learning : Concepts and applications (6th ed.)*. Boston : McGraw.

Newell, K. M. & Emmeril, R. E. A.(1989), The acquisition of coordination : Preliminary analysis of learning to write. *Human Movement Science, 8,* 17-32.

Peterson, J. R.(2011), Dance Medicine Head to Toe, Prinston book co.

Pilates, Joseph H.(1945), Return to Life Through Contrology(Revised Edition).

Potter, Karen & Gary, Galbraith(2017), Dance Wellness: Why, How and The Future; A Model at Case Western Reserve University. http://www.dancewell nessproject.com/Information/Artocle. pdf, 접속일 2018.2.10.

Schmidt, R. A.(1988), *Motor control and learning : A behavioral emphasis.* Champaign : IL, Human Kinetics.

Siler, Brooke, The Pilates Body: The Ultimate At-Home Guide to Strengthening, Lengthening and Toning Your Body-Without Machines.

Staugaard-Jones, Jo Ann.(2010), The Anatomy of Exercise and Movement for the Study of Dance, Pilates, Sports, and Yoga, Lotus publishing, UK.

Staugaard-Jones, Jo Ann.(2012), The Vital Psoas Muscle: Connecting Physical, Emotional, and Spiritual Well-Being, North Atlantic books, California.

Thomas D. Fahey, Paul M. Insel, Walton T. Roth.(2013), Fit & Well, McGrow Hill co., 10thed.

Turvey, M. T.(1990), Coordination. *American Psychologist, 45,* 938-953.

저자 **나경아**

이화여자대학교 무용과를 졸업하고 동 대학원 석사, 홍익대학교에서 미학 전공 석사, 이화여자대학에서 운동심리학 전공으로 박사학위를 받았다.
현재 한국예술종합학교 무용원 이론과 교수로 재직 중이며, 무용전공생과 일반인을 위한 춤 건강(Dance Wellness) 교육프로그램에 관한 실천적 연구를 진행하고 있다.

춤 건강을 위한 필라테스

2022년 11월 30일 초판 1쇄 펴냄

지은이 나경아
펴낸이 김흥국
펴낸곳 도서출판 보고사

등록 1990년 12월 13일 제6-0429호
주소 경기도 파주시 회동길 337-15 보고사
전화 031-955-9797(대표), 02-922-5120~1(편집), 02-922-2246(영업)
팩스 02-922-6990
메일 kanapub3@naver.com / bogosabooks@naver.com
http://www.bogosabooks.co.kr

ISBN 979-11-6587-380-6 93680
ⓒ 나경아, 2022

정가 12,000원